詳解
ビジュアルブック

日本の神様と神社

歴史民俗探究会＝編

大和書房

神社の歩き方

神社のつくりと参拝方法を知り、静謐な空間で神様と触れ合う！

…参拝方法　…神社にあるもの

はじめに

一般に日本人は信仰心が薄いといわれる。

果たしてそうだろうか？

ＩＳＳＰ（International Social Survey Programme）が二〇一八年に実施した調査によると、日本において、「何かの宗教を信じている人」は36％に留まるものの、神仏を拝むことがあると答えた人は79％に及び、山や川などの自然に宿る神を理解できるという人も74％と、半数以上を占めた。

こうした日本人の「心」のよりどころとなるのが、神社である。

旅先にあって、ふと散歩をしているだけでも、神社を見かけない町はない。正月には多くの人が神社に足を運び、一年の願いを神様に託す。先祖を迎える八月のお盆も、今でこそ仏教の行事という色合いが濃いが、実は先祖を敬うという考え方は、仏教伝来以前から日本人が持っていた考え方であり、むしろ仏教がこの習慣を取り入れたものなのである。

このようにわれわれの心には、古くからの日本人独特の考え方が根付き、また、日々の暮らしも神道や神社からは切っても切り離せないものになっている。神社を知れば日本人の「心」がわかるといっても過言ではない。

だが、一概に神社といっても、祀られる神様は神社によってさまざまであり、神社にどう親しんだらよいのか、何をお祈りしたらよいのか、あいまいなままの人がほとんどである。さらに、なぜ、伊勢神宮《いせじんぐう》が日本でもっとも格の高い神社なのか、なぜ天神様は学問の神様となったのか。参拝の際、手水舎で手を洗うときの作法や、お参りする際の「二拝二拍一拝」とは何か……、と神社に関する疑問は尽きない。

本書はわれわれ日本人と密接な関係にあり、必ず身近に存在する神社を、図版と写真を豊富に用いて紹介するものである。

ただ神社を羅列するだけでなく、とくに有名な神社や日本人の信仰の発展に重要な役割を果たした神社四八社を網羅し、日本人の信仰の歴史をたどる神社、日本神話のあらすじをたどる神社、民俗信仰がわかる神社、歴史の中で神とされた人間たちが祀られた神社といった、四つのカテゴリーにわけて紹介している。また、あまり神社のしきたりに詳しくない人のために、神社の見方、参拝方法がわかる一章を設けてみた。

本書を読めば、神社の歴史とその発展に貢献した神社すべてがわかり、これまでにない新しい神社参拝の楽しみに道を開くこと請け合いだ。

歴史民俗探究会

目次

第3章 神社でわかる地方独自の神々

第4章 神様になった歴史上の人物

終章 神社へ行こう

※本文の神名表記は『古事記』もしくは『日本書紀』に、
神社の祭神名は各神社の表記に準じています。

第1章

神社でわかる日本人の信仰の歴史

神社でわかる日本人の信仰

縄文の精霊崇拝と弥生の祖霊信仰が、神道の土台！

天照大御神と八百万の神

日本人が信仰し、神社に祀られる神々の原点をたどってみると、はるか縄文・弥生時代にまで遡《さかのぼ》れる。

縄文時代の人々は、山や川、太陽、草木といった自然や、雷や雨など自然現象の中にも魂が宿っていると考えていた。このような信仰を一般には精霊崇拝《せいれいすうはい》というが、こうした「すべてのものには魂が宿る」という発想は、〝八百万《やおよろず》〟と形容されるくらい多くの神が存在するという、神道思想の基礎になった。

弥生時代になって稲作が広まり、定住生活を送るようになった人々の心には、精霊崇拝に加えて、農地を切り開いてくれた祖先を敬う気持ちが芽生えた。これが祖霊《それい》信仰である。やがて、精霊崇拝と祖霊信仰が広がるにつれて、特定の人間が神の声を聞き、それを「お告げ」として周囲の人々に伝えるという「託宣《たくせん》」が生まれた。

大和・纏向《まきむく》に発祥した王権は、はじめ三《み》輪山《わやま》の神を祀っていた。三輪山には、山自体を神体とする大神神社《おおみわじんじゃ》があり、その周辺からは、四世紀後半から九世紀のものとされる奉納品や献上品が、数多く出土している。

その後、この王権が大和朝廷へと成長し、全国を統一すると、それぞれの地域で信仰されていた土着の神々の地位も変化した。大和朝廷は、天皇（大王《おおきみ》）の地位を絶対的なものとして、従来の伝承や神話を次のようにまとめた。

天の神である天照大御神《あまてらすおおみかみ》が八百万の神々の最高神と位置づけられ、天照大御神の系譜は天皇家と連なるとされた。一方、各地の豪族たちは、それぞれの神を崇めることは許されたが、あくまで天照大御神がそれらの頂点に君臨するとされた。

仏教の影響を強く受けた神道

五世紀末頃に儒教《じゅきょう》思想が、六世紀になって仏教が伝来すると、神道に大きな影響を及ぼした。

まず聖徳太子《しょうとくたいし》や蘇我馬子《そがのうまこ》が仏教思想を取り入れた国家造りを目指した。その後、大《た》化《か》の改新《かいしん》を行なった中大兄皇子《なかのおおえのおうじ》は、蘇我氏への反発からか、神道を中心とした中央集権国家を目指した。権力者の意図によって翻弄されているうちに、神道も仏教も共に民衆に広まっていった。そこから、神も仏も崇めるという「神仏習合《しんぶつしゅうごう》」という考えが生まれる。

一〇世紀になると、神仏習合の考えに沿った「本地垂迹説《ほんじすいじゃくせつ》」が生まれた。たとえば、天照大御神は大日如来《だいにちにょらい》の生まれ変わりといったように、「神とは仏の生まれ変わった姿である」といった考え方だ。

日本人の信仰と神道

江戸・近代	中世	奈良・平安	古代

富士信仰

庚申信仰

靖国信仰

修験道

神仏習合とともに、山へ籠って修行し、様々な験《げん》を得ることを目的とした宗教が生まれる。

恵比寿信仰

伊邪那岐命《いざなき》・伊邪那美命《いざなみ》の子とも大国主神の子とも言われる漁業・航海の神に、航海の安全と商売繁盛を願う。

八幡信仰

八幡神を源氏が篤く信仰し、武門の神として崇めるようになる。

厳島信仰

貿易を盛んにしようと企図する平家が航海の神を信仰し、厳島神社の造営に援助を行なう。

稲荷信仰

渡来系氏族・秦氏がもたらした信仰と田の神が融合し、密教の影響を受けつつ全国に浸透。

御霊信仰

怨みを残して亡くなった人々が祟りをなすという考えから、怨霊を鎮めるための信仰が始まる。

祇園信仰

都市に多くの人が集まるようになった結果、流行るようになった疫病を除けるための信仰。

神奈備信仰

神奈備《かんなび》山として、標高1000m以下の形の美しい山を神の宿る山として崇める。

太陽信仰

伊勢には土着の太陽信仰があったといわれ、太陽の動きを計算したと思われる史跡が残る。

そのほか、神仏習合の例としては、稲荷《いなり》信仰や山岳信仰がある。狐を神の遣いとする稲荷信仰の祭神は、農耕の神である「宇《う》迦之御《かのみ》魂神《たまのかみ》」だが、その信仰と真言宗《しんごんしゅう》が習合して、江戸時代には人気の神となった。

また、密教の影響を受けて、修行により超自然的な力を得られるという修験道《しゅげんどう》が流行し、神話により、現世とあの世とをつなぐ地とされた熊野《くまの》で盛んになった。

こうした神と仏の間に垣根があまりなかった日本人の信仰の様相は、明治維新を境に一変する。明治国家は、天皇を中心とした国家を目指した。そのためには天皇の権威を高める必要に迫られた。すなわち天照大御神を頂点とする神々の権威を高めること。一八六八(明治元)年、神仏分離令が発布され、神道と仏教は決別させられた。この法令をきっかけに、寺院や仏像を壊してしまう廃仏毀釈《はいぶつきしゃく》が起こっている。

また、明治政府は、神を祀るための祭祀《さいし》を奨励すると同時に、伊勢神宮《いせじんぐう》や湊川神社《みなとがわじんじゃ》など、天皇家とゆかりのある神社や地域の中心となる神社を、国家で管理するようにした。明治時代の神道は、個人的な心の拠《よ》り所としての宗教というよりは、国の中心である天皇を崇拝するための宗教であったことから「国家神道」と呼ばれ、国家の管理の下で、祭祀などが行なわれたのである。

大神《おおみわ》神社《じんじゃ》

―古代人の神奈備信仰―

神が降臨する聖なる山を御神体とし、古代王権の信仰を伝える神社！

◆祭神

大物主大神・大己貴神・少彦名神

◆アクセス（奈良県桜井市）

ＪＲ桜井線三輪駅より徒歩５分

大神神社にはなぜ本殿がないのか

奈良県桜井市の大神神社には本殿がない。その理由は、拝殿《はいでん》裏に御神体《ごしんたい》とされる三輪山がそびえているから。つまり、直接、御神体を拝する造りになっているのだ。こうした本殿を持たない拝殿だけの神社は、埼玉県の金鑽神社《かなさじんじゃ》（御神体は御室《みむろ》ケ嶽《たけ》）、長野県の諏訪神社（御神体は守屋山）などが挙げられる。

神道の原点となった精霊信仰の最たるものが神奈備《かんなび》山だ。標高一〇〇〇メートル以下の比較的小さな山で、形が美しい山を神が宿る神体山として祀る一方、そこには祖先の墓も祀られたため、祖霊は山に住むとも見なされた。そのようにして、地域を守る神山が各地に存在するようになったのである。

神奈備信仰の特徴として、御神体とされる山の頂上には、「磐座《いわくら》」と呼ばれる大きな岩が置かれた。ここに神が降り、憑依《ひょうい》するとされ、古代には、磐座の周りで祭祀が行なわれていた。

神奈備信仰の代表とされる三輪山にも、山頂に奥津《おきつ》磐座、中腹に中津磐座、山麓に辺津《へつ》磐座と呼ばれる巨石群があり、禁足地とされてきた。

崇神天皇が祀った三輪山

三輪山の権威を政治に利用したのが、大和朝廷の基礎となった纏向《まきむく》の王権であった。三輪山山麓に広がる纏向の遺跡群は、のちの大和朝廷の起源と見られている。

『古事記』『日本書紀』が十代目の天皇として記す崇神《すじん》天皇は、有力な武将を地方へ派遣し、朝廷の勢力を著しく拡大させた。『日本書紀』によると、疫病が流行《はや》ったため、それを鎮めるために、崇神天皇は、三輪山の大《おお》物主神《ものぬしのかみ》を、巫女であり叔母にあたる倭《やまと》迹々《とと》日《び》百襲《ももそ》姫《ひめ》に祀らせた。以後、三輪山自体が信仰の対象とされ、三輪山の神が、大王《おおきみ》を守護するようになったという。

もっとも、大和平野に暮らす民衆にとって、三輪山を水源とする巻向《まきむく》川、初瀬《はつせ》川は農業に欠かせない水源であったし、平野を見下ろす三輪山の姿は、畏怖の念を抱かせるに十分であった。

多くの磐座が周辺に見られる大神神社は、最も古い時代の素朴な信仰を伝える神社なのだ。

◎三輪山周辺の祭祀遺跡

神が降りる山を崇拝する神奈備信仰の対象となった三輪山の周辺からは、祭祀が行なわれたと思われる跡が数多く発見されている。また、三輪山山麓から天理市方面に向かって、「最古の道」とされる「山辺《やまのべ》の道」が通り、この道沿いには三輪の纏向のものと見られる巨大古墳が点在している。

纏向遺跡と三輪山　大和朝廷の基礎となった纏向の王権は三輪山山麓に誕生した。そして、山の祭祀を掌握し、勢力を拡大していく。神聖視された三輪山に対し、万葉歌人・額田王《ぬかたのおおきみ》は、「三輪山を　しかも隠すか　雲だにも　心あらなも　隠さふべしや」と詠んだ。これは、都を近江へと遷す際、三輪山の神を鎮めるために詠んだとも言われている。

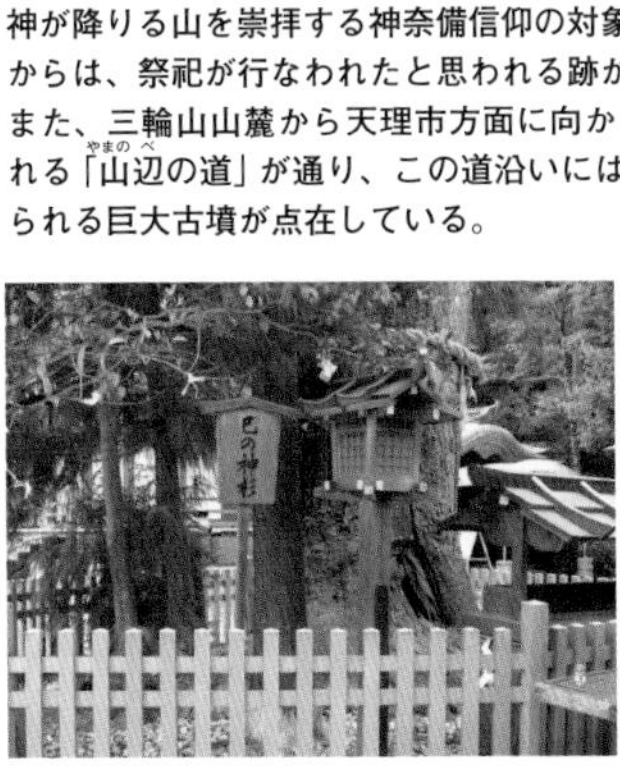

巳の杉

大神神社の境内には、三輪山の大物主神の化身といわれる、蛇が棲んだ杉の木が伝わる。

神社豆知識

●神道における神とは？

八百万《やおよろず》の神といわれるように、山や川、動物、植物、人間、ひいては雨や雪といった自然現象にも霊魂が存在しており、そうした霊魂を神として祀った。その神々は「荒魂《あらみたま》」と「和魂《にぎみたま》」というふたつの個性を持つとされた。

「荒魂」とは、自然災害や疫病、祟りなどを起こす一面であり、「和魂」は、人間に恩恵を与える一面である。そのため、「荒魂」の神を祀ることは、そのような荒々しい魂を鎮めてもらい、災厄を回避するという目的があった。

一方、「和魂」の神に対しては、祈りを捧げることで、さらなるご利益を願ったのである。

伊勢神宮《いせじんぐう》

——伊勢の太陽信仰——

なぜ日本で最も格式の高い神社なのか!?

伊勢神宮を最高位とする理由

日本で最も格の高い神社である伊勢神宮は、天照大御神《あまてらすおおみかみ》を祀る「内宮《ないくう》（皇大神宮《こうたいじんぐう》）」と、豊受大御神《とゆけのおおみかみ》を祀る「外宮《げくう》（豊受大神宮《とゆけのだいじんぐう》）」に、一四の別宮と一〇九の摂社《せっしゃ》・末社《まっしゃ》・所管社を加えた一二五社を指す。

かつては、天皇以外の奉幣《ほうへい》が禁じられていたほどで、たとえ貴族であっても勅許《ちょっきょ》がなければ奉幣を許されないほどだった。庶民が参詣できるようになったのは中世以降のことである。

なぜこれほどまでに伊勢神宮が重んじられるのかというと、天皇家の祖先神であり、八百万《やおよろず》の神々の頂点に君臨する天照大御神を祀っているからだ。『日本書紀』には、その起源が次のように記されている。

紀元前九二（崇神《すじん》天皇六）年に疫病が流行った際、皇居に祀られていた天照大御神の御霊代《みたましろ》である「八咫鏡《やたのかがみ》」を別の場所に遷すことになった。

そこで皇女の豊鋤入姫命《とよすきいりびめのみこと》が「八咫鏡」と「天叢雲剣《あめのむらくものつるぎ》」を大和国笠縫邑《かさぬいのむら》へ遷して祀った。

その八七年後、今度は垂仁《すいにん》天皇の皇女・倭姫命《やまとひめのみこと》に伴われて天照大御神は移動を開始。伊勢国に来た時に、天照大御神が「伊勢は不老長寿の国（常世《とこよ》）から浪が打ち寄せる美しい国なので、ここがよい」という託宣《たくせん》を下されたため、当地に鎮座。内宮の起源となったという。

また、『倭姫命世記《やまとひめのみことせいき》』という書物では、西は吉備《きび》から東は尾張《おわり》にいたる、天照大御神の移動が記されている。

なぜ伊勢に鎮座したのか？

天照大御神が伊勢に鎮座した理由は、太陽との関係が深い。

伊勢は都が置かれた大和の東、つまり太陽が昇ってくる方角に位置し、かつては土着の太陽信仰があった。

太陽神たる天照大御神を祀る地にふさわしい地である。

そんな伊勢では、夏至《げし》になると、二見浦の夫婦岩《めおといわ》の注連縄《しめなわ》の間から朝日が昇る。

冬至《とうじ》にいたっては、伊勢神宮内宮の五十鈴《いすず》川にかかる宇治橋に立つ鳥居の正面から朝日が昇り、太陽の偉大さを思い知らされるような光景が今も繰り返されているのだ。

◆**祭神**

内宮／天照大神
外宮／豊受大御神

◆**アクセス**（三重県伊勢市）

内宮／近鉄線宇治山田駅よりバス15分
外宮／JR参宮線伊勢市駅より徒歩5分

伊勢神宮内宮の宇治橋と太陽 冬至の太陽は、宇治橋の鳥居の中央を通過して昇る。

◎伊勢の太陽信仰

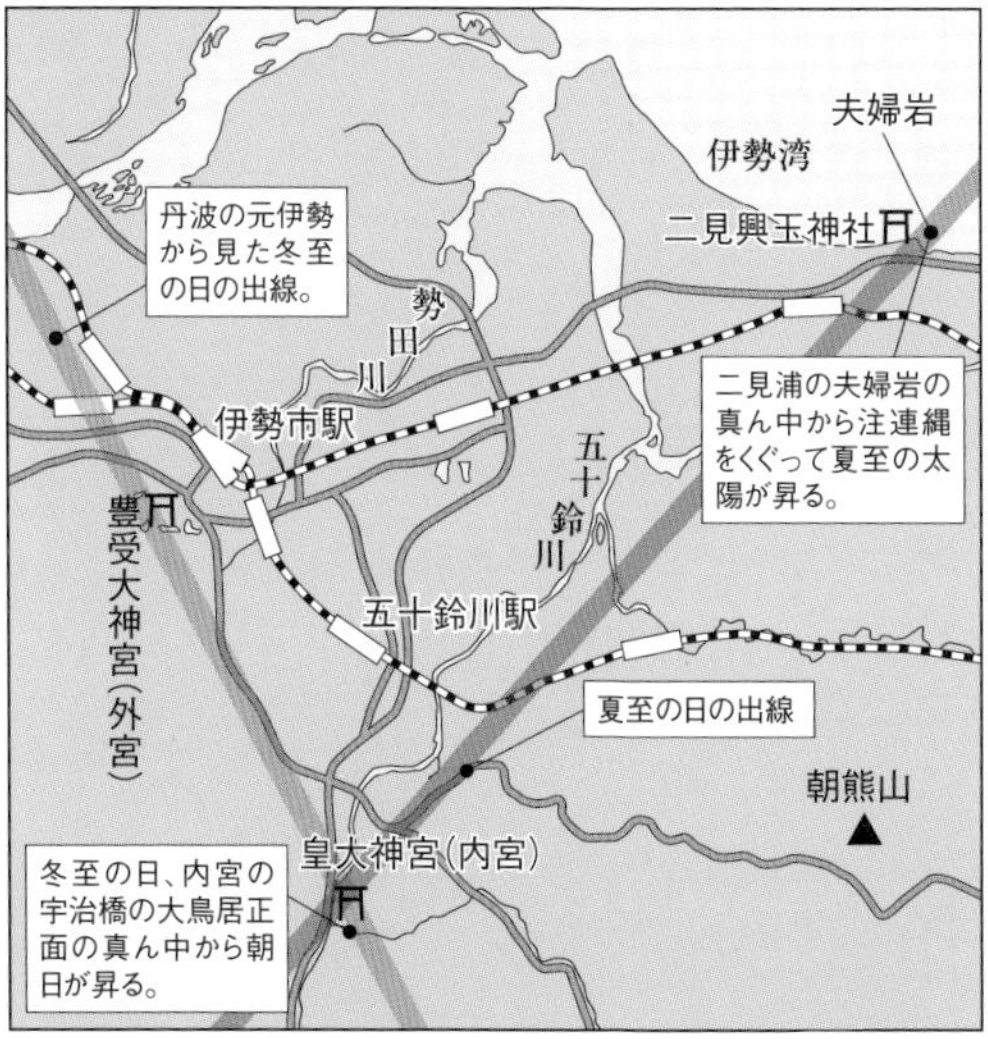

伊勢神宮の周辺には太陽の動きを計算したと思われる史跡が残り、土着の太陽信仰の存在をうかがわせる。

神社豆知識

●式年遷宮とは？

式年遷宮《しきねんせんぐう》とは、一定期間ごとに神社で行なわれる、神霊を旧神殿から新神殿へ遷す儀式のこと。伊勢神宮では20年に1度行なわれているが、初めて式年遷宮が行なわれたのは、内宮が690（持統4）年、外宮は692（持統6）年とされている。遷宮が行なわれる理由については、白木や茅葺《かやぶき》の建物なので長くもたないため、技術伝承のためなど、諸説囁《ささや》かれている。かつて常設の神社は存在せず、社殿は祭事のときに設置され、終わったら取り壊されるものであった。もしかすると、この風習の影響もあるのかもしれない。

また、出雲大社《いずもたいしゃ》の式年遷宮は60年に1度とされている。

垂仁天皇の時代、天照大御神は、倭姫命とともに大和を出て各国を巡り、現在の鎮座地である伊勢へといたったという。その際、天照大御神が通った道は、「元伊勢」として現代に伝わっている。

伊賀国・穴穂《あなほ》宮

天照大御神は大和より北上し、伊賀国へ入る。その途中で鎮座した穴穂宮は兵庫県たつの市の神戸神社に比定されている。

美濃国・伊久良河《いくらかわ》宮

天照大御神はさらに大和を離れ美濃国へと入る。岐阜県瑞穂市の天神《てんじん》神社も元伊勢のひとつで、伊久良河宮に比定される。「御船代石」などの古代祭祀跡の遺跡が発見されており、神獣文鏡などの祭祀遺物などが出土している。

尾張国・中嶋宮

垂仁天皇14年、尾張へと入った天照大御神は中嶋宮に鎮座する。愛知県一宮市の酒見《さかみ》神社が中嶋宮に比定されており、尾張国唯一の元伊勢である。社殿は北向きに建てられており、伊勢神宮のある南の方向に向かって拝礼する形をとる。

伊勢国・瀧原《たきはらの》宮

尾張より再び西を目指した天照大御神は伊勢国へと入る。ここで倭姫命が宮川下流の磯宮より天照大御神を祀る地を探すために上流へ遡ったところ、「大河の瀧原の国」という美しい場所があったので新宮を建てたといわれる。その場所が三重県度会郡大紀町の瀧原宮とされる。

㊀〜㊇および●…天照大御神が宮を置いた主な地

地図で読み解く神社 一

【元伊勢】 ―伊勢にいたる天照大御神の足跡―

一

大和国・笠縫邑

奈良県桜井市の檜原《ひばら》神社は、崇神天皇6年、宮中に奉祀していた天照大御神を遷し、豊鍬入姫命に祀らせた笠縫邑に比定される神社のひとつ。大神神社の摂社のひとつで、三ツ鳥居が有名。

二

丹波国・吉佐宮《よさの》

天橋立の近くに鎮座する京都府宮津市の籠《この》神社。その奥宮が元伊勢のひとつ吉佐宮とされる。かつて丹波には強大な古代国家があったと目されており、伊勢神宮外宮に鎮座する豊受大御神もここから遷座したという。

四

大和国・宇《う》多《だ》秋宮《あきの》

吉備から再び近畿に戻った天照大御神は、大和国・宇多秋宮に鎮座する。奈良県宇陀市の阿紀《あき》神社がその宇多秋宮に比定されている。神代に神楽岡に創建されたという神社である。

吉備国・名《な》方浜宮《かたのはまの》

三

木乃国・奈《な》久《く》佐浜宮《さのはまの》

和歌山県和歌山市に鎮座する日前《ひのくま》神宮と國懸《くにかかす》神宮は、奈久佐浜宮に比定される元伊勢のひとつ。日前神宮は日像鏡を御神体とするが、この鏡は伊勢神宮の御神体とされる八咫鏡と同時代につくられたものであることから、重要な神社と考えられる。

二

三

伏《ふし》見《み》稲《いな》荷《り》大《たい》社《しゃ》

―渡来系氏族と稲荷信仰―

日本で一番多い神社・お稲荷さんの由来とは⁉

◆**祭神**
宇迦之御魂大神・佐田彦大神・大宮能売大神・田中大神・四大神

◆**アクセス**（京都市伏見区）
JR奈良線稲荷駅より徒歩すぐ

全国に二万社近くも存在する稲荷社。その発祥地が京都の伏見稲荷大社である。『山《やま》城国《しろのくに》風土記《ふどき》』逸文《いつぶん》によると、その起源は、七一一（和銅四）年、渡来系氏族の秦《はた》氏によって祀られたものとある。

伝承では、七一一年、秦公伊侶具《はたのきみいろぐ》が餅を的にして矢を射たところ、餅が白鳥に変身して三が峰の山の上まで飛んでいき、そこから稲が生えたため、山上に神社を建てたという。その後、社殿が営まれたのは、八一六（弘仁七）年。弘法大師空海《こうぼうだいしくうかい》が教王護国寺《きょうおうごこくじ》の鎮守として奏請《そうせい》した。

稲荷神社の祭神は、のちに商売繁盛の神ともされた、農耕神・宇迦之御魂大神《うかのみたまのおおかみ》であるが、この影響もあり神仏習合《しんぶつしゅうごう》では、稲荷神社の祭神は吒枳尼天《だきにてん》とされた。

また、稲荷神社では神の遣いとされる「狐」が有名だが、これは春になると里に下りてくる狐の習性による。豊穣をもたらす田の神の遣いとみなされたのだ。

稲荷神社の「狐」のほかにも「猿」や「狼」など、神の遣いとされる動物がいるが、これらは「眷属《けんぞく》」と呼ばれる。

◎伏見稲荷大社境内図

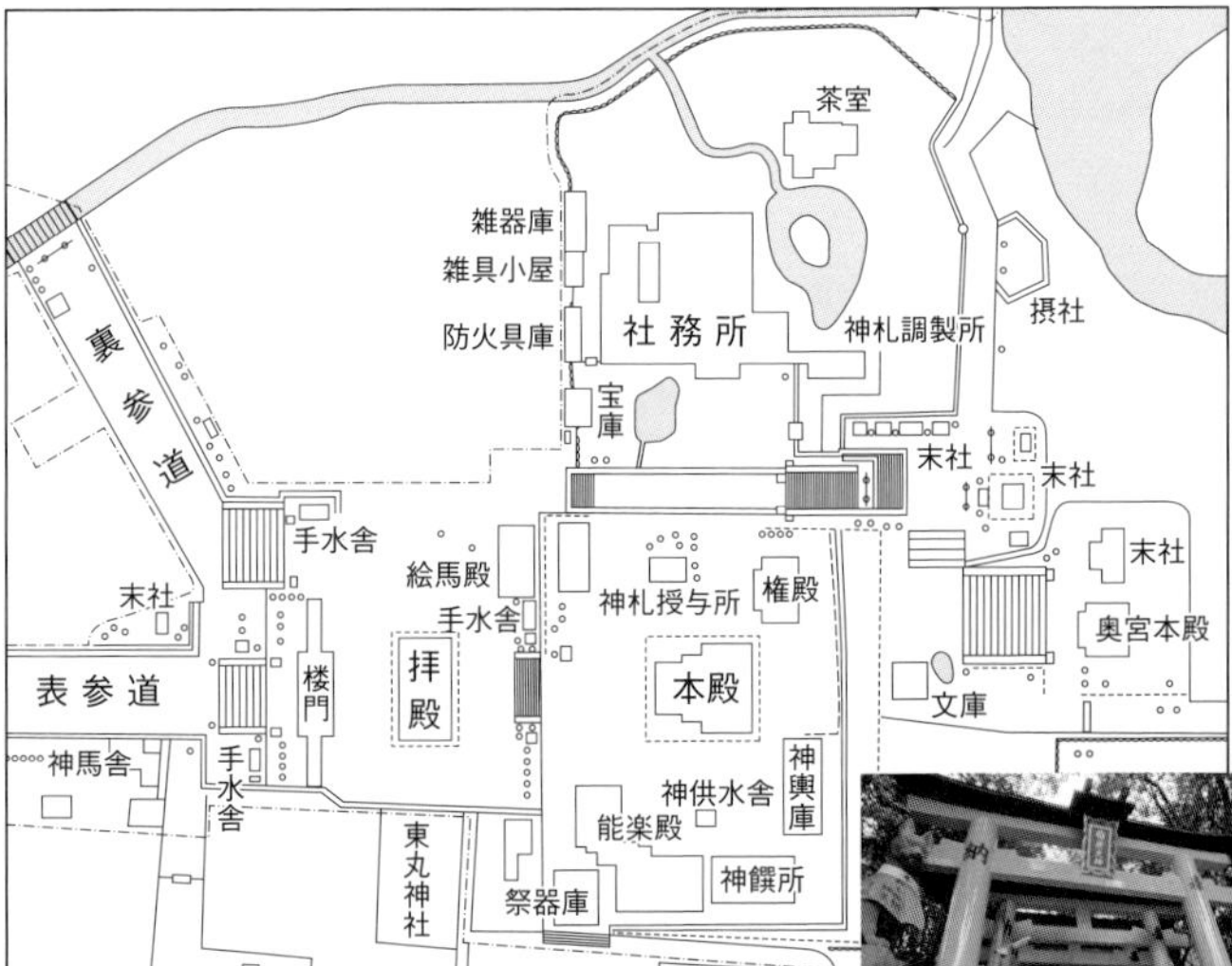

稲荷山山麓に佇む伏見稲荷大社の境内（上）。奥宮に続く道では有名な千本鳥居（右）が見られる。

第1章

宇《う》佐《さ》八《はち》幡《まん》宮《ぐう》

—源氏と八幡信仰—

八幡さまはなぜ源氏の氏神になったのか？

◆**祭神**
八幡大神（応神天皇）・比売大神・神功皇后（息長帯姫命）

◆**アクセス**（大分県宇佐市）
JR日豊線宇佐駅よりバス10分

全国に一万五〇〇〇社ほどを有する八幡宮の総鎮守が大分県の宇佐八幡宮である。その起源は在地の宇佐氏、大神《おおみわ》氏、来嶋《きじま》氏といった氏族の信仰と、外来の信仰が結びついたものともいわれるが、はっきりしない。

宇佐八幡宮には歴史上の逸話が多い。奈良時代には、東大寺の大仏建立を助け、また孝謙《こうけん》天皇の寵愛を後ろ楯として皇位を狙った道鏡《どうきょう》の陰謀を託宣《たくせん》によって暴いた。そのほか、七二〇（養老四）年には隼人《はやと》の乱の鎮圧にも貢献したという。

鎌倉時代になると、八幡宮は源氏の氏神《うじがみ》として、とくに武家の信仰の中心となった。源義家《みなもとのよしいえ》が石清水《いわしみず》八幡宮前で元服したのを契機に源氏の崇敬を集めると、鎌倉幕府成立後は各地の地頭《じとう》により、全国へ勧請《かんじょう》されていった。

八幡宮が祀る八幡神は、神託の伝説から誉田別命《ほむだわけのみこと》、つまり応《おう》神《じん》天皇といわれる。

源氏が八幡神を篤く信奉したのは、祖先が天皇であったためでもある。

◎全国の主な八幡宮

八幡宮の勧請は石清水八幡宮に始まる。源頼義《みなもとのよりよし》が鎌倉に鶴岡八幡宮を建て、さらに源義家《よしいえ》が石清水八幡宮で元服。これを契機に源氏は八幡神への信仰を始めた。やがて源頼朝が鎌倉幕府を開くと、各国の地頭が次々に八幡宮を勧請し、全国へと広まっていった。

厳島神社《いつくしまじんじゃ》

―平氏と厳島信仰―

平家の人々が赤の社殿群に込めた祈りとは何か？

太古の信仰が息づく弥山の島

世界遺産に指定されている広島県の厳島神社の起源は古く、古代の人々が島そのものや、島にそびえる弥山《みせん》を神聖視したことに始まる。五九三（推古元《すいこ》）年に創建されたとされるが、現在のような壮麗な造りとなったのは、一一六八（仁安《にんあん》三）年、平清盛《たいらのきよもり》の援助を受けた佐伯《さえき》郡の豪族・佐伯景弘《かげひろ》の造営による。

それより四年前の一一六四（長寛《ちょうかん》二）年には、豪華な装飾を施した三三巻におよぶ写経『平家納経《へいけのうきょう》』が奉納された。

清盛が厳島神社をとくに信仰したのは、彼が一〇年あまり安芸守《あきのかみ》に任じられていたことが大きい。さらに、朝廷において権力を握った清盛は日宋《にっそう》貿易に力を入れ、海上交通の利便性を高めるために瀬戸内海の掘削や港の開発を進めた。そんな清盛にとって、海の女神である宗像《むなかた》三女神（市杵島姫《いちきしまひめ》命・湍津姫《たぎつひめ》命・田心姫《たごりひめ》命）を祀る厳島の加護は、必要不可欠なものであった。

もっとも宗像三女神が厳島の祭神となるのは平安時代以降であり、以前は伊都岐島神《いつきしまのかみ》であったが、共に海の神であったことは変わらない。

そのほか、弥山を神聖視する山岳信仰の名残か、宮島には本堂や巨岩、霊火堂など、多くの遺物が存在している。

◆祭神

市杵島姫命・湍津姫命・田心姫命

◆アクセス（広島県廿日市市）

ＪＲ山陽線宮島口駅より連絡船10分

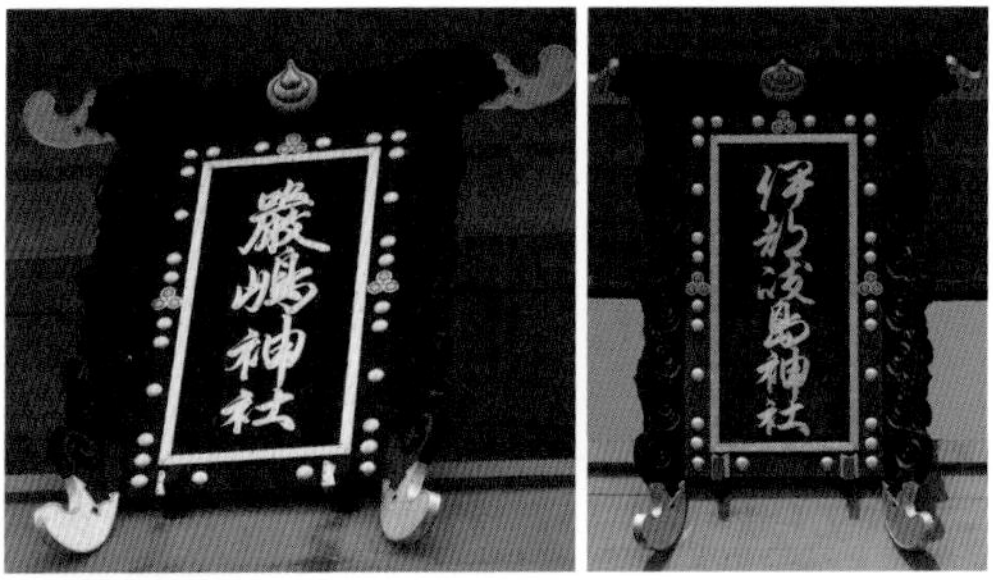

大鳥居の扁額　じつは２面とも書いてある文字が異なる

厳島神社の全景 海に向かって開ける厳島神社。かつては宮島自体が神域とされ、古くから崇められる土地であった。

厳島神社境内図

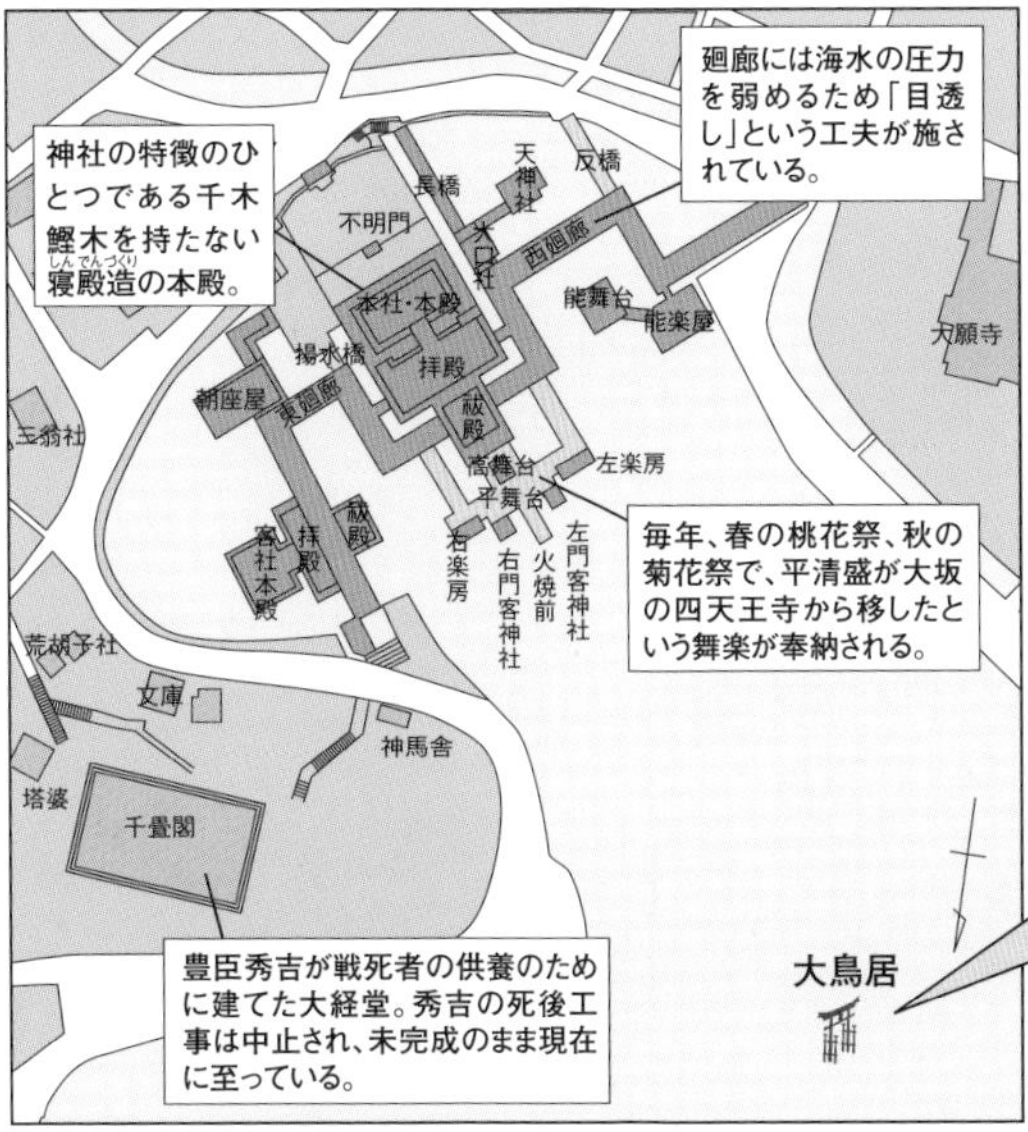

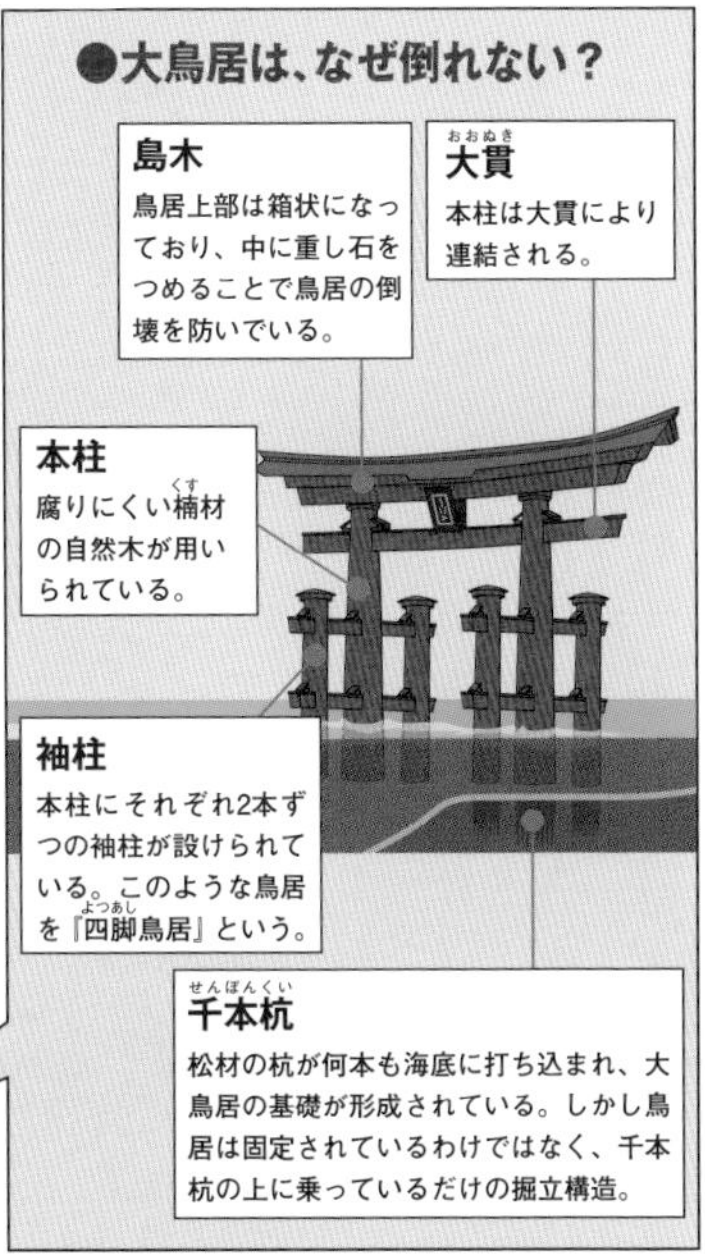

八坂神社《やさかじんじゃ》

―神仏習合がわかる神社―

疫病の神を祀ることで、中世都市に蔓延した疫病除けを祈る社

◆**祭神**
素戔嗚尊・櫛稲田姫命・八柱御子神

◆**アクセス**（京都市東山区）
ＪＲ京都駅よりバス約20分祇園下車、または京阪、阪急四条駅より徒歩10分

六世紀に伝来した仏教が日本に浸透すると、神仏習合が起こる。これは文字通り神道と仏教の融合であり、やがて一〇世紀頃には、仏や菩薩《ぼさつ》が救済のために神の姿になって現われるという「本地垂迹説《ほんじすいじゃくせつ》」が広まった。

祇園祭《ぎおんまつり》で有名な京都の八坂神社は神仏習合の典型例といえる。

八坂神社は六五六年、新羅《しらぎ》の牛頭山《ぎゅうとうざん》に鎮座していた素戔嗚尊《すさのおのみこと》（須佐之男命）の霊を迎えて創祀されたという。素戔嗚尊は元来、出雲の須佐《すさ》地方で信仰されていた神である。この神は神仏習合の中で、祇園精舎の守護神であり、疫病《えきびょう》を鎮める仏教の神・牛頭天王《ごずてんのう》と同一視されていた。

明治の神仏分離令にいたるまで、八坂神社は祇園社と呼ばれ、素戔嗚尊も牛頭天王を称していたのだ。

まったく性格の異なる両神が同一視されるようになったのには、牛頭天王が化身した旅人（武塔神《ぶとうしん》）を手厚くもてなした人物が、旅人から去り際に、自分が素戔嗚尊であることを告げられ、疫病除けの茅《ち》の輪《わ》を手に入れるという蘇民将来《そみんしょうらい》の伝説が影響している。

この伝承から祭神の素戔嗚尊は牛頭天王の性格を持ち、疫病・厄除けの神として崇められるようになったのである。

◎主な本地垂迹説

神（垂迹）	仏（本地）
天照大御神	大日如来 観音菩薩
須佐之男命	牛頭天王
大国主神	大黒天
東照大権現	薬師如来
市杵島姫命	弁財天
八幡神	阿弥陀如来
天神	十一面観音
愛宕権現	地蔵菩薩
大山咋神	薬師如来
熊野権現	阿弥陀如来

祇園祭　日本三大祭のひとつ祇園祭は、疫病除けを願う祈りから始まった。

熊《くま》野《の》三《さん》山《ざん》

―修験道の聖地―

死者の国と位置づけられた山深くに佇み、古道で結ばれた山岳宗教の聖地

「熊野三山」と呼ばれる熊野本宮大社《ほんぐうたいしゃ》、熊野速玉大社《はやたまたいしゃ》、熊野那智大社《なちたいしゃ》は、本来は個別に独立した神社であったが、平安後期に祭神を勧請《かんじょう》し合って、熊野三山を称し、熊野別当《べっとう》の管理となった。

『日本書紀』一書によると、熊野は火の神を生んで命を落とした伊弉冉尊《いざなみのみこと》が葬られた地であり、古くから不老の国である「常世《とこよ》」に続く地であるとされた。

さらに、神仏習合により熊野三山の主祭神と仏尊とが同一視され、如来や観音が守護する「浄土《じょうど》」とも考えられた。

以後、熊野三山に詣でる熊野信仰が広がり、大勢の参詣客が行列を成して賑わったため、「蟻の熊野詣で」と呼ばれた。

また、那智の浦から、浄土を目指して小船に乗り船出する「補陀《ふだ》落渡海《らくとかい》」という宗教儀式も生まれた。

一方平安初期ごろから、山岳信仰と密教とが結びついて、山岳での厳しい修行により超自然的な力を得ようと試みる修験道《しゅげんどう》という新たな潮流が生まれていた。

この宗教の修行者たちは、幽界と密接に関わる熊野も聖地とみなすようになり、熊野は修験者で賑わうようになっていく。

◆祭神
熊野本宮大社／家津美御子大神ほか
熊野速玉大社／熊野速玉大神・熊野夫須美大神ほか
熊野那智大社／大己貴命・熊野夫須美大神

◆アクセス（和歌山県田辺市／新宮市／勝浦町）
本宮／ＪＲ紀勢本線新宮駅よりバス1時間
速玉大社／ＪＲ紀勢本線新宮駅よりバス10分
那智大社／ＪＲ紀勢本線那智駅よりバス25分

◎熊野への参拝経路

神社豆知識

●「熊野」の地名

「熊野」の語源は「神野が訛《なま》った」「大きな熊が出現した地だった」など、諸説ある。

その「熊野」といえば、やはり紀伊《きい》の熊野三山をイメージするが、実は「熊野」という地名は、丹後《たんご》、近江《おうみ》、伊予《いよ》、出雲《いずも》にもあり、紀伊地方特有のものではない。

ただし、「熊野」と呼ばれる地域は、いずれも海の近くにあり、その海岸線は複雑、平野の背後には山が控えるといった地形である。また、常世国に続く地であるという伝承が残っていることが多い。

西宮神社《にしのみやじんじゃ》

—ふたつの恵比寿信仰—

海の国・日本がわかる、商売繁盛をもたらす神社

◆祭神
西宮大神・天照大御神・大国主神大神・須佐之男大神

◆アクセス（兵庫県西宮市）
阪神電鉄西宮駅より徒歩5分

近畿・中国・北陸を中心に信仰を集める恵比寿《えびす》様。七福神のひとりとしても有名で、商売繁盛の神といった印象が強いが、本来は、漁業の神として崇められていた。「夷」「戎」といった字が用いられ、異郷から寄り来て福をもたらすとされた。その後、恵比寿神は、日本神話の蛭子神《ひるこのかみ》、または事代主神《ことしろぬしのかみ》と同一視されるようになった。

伊邪那岐命、伊邪那美命の子として生まれるも、葦舟に乗せて流された蛭子神を祀るのが、兵庫県の西宮神社である。中世以降、西宮神社は傀儡師《くぐつし》の一団を持ち、地方巡行を行なって信仰を広めていった。一月九〜十一日に行なわれる、西宮神社の神事「十日戎祭《とおかえびすさい》」は、百万人の人出で賑わう大祭である。

じつはもうひとつ別の神を恵比寿神として祀る神社がある。それが事代主神を祭神とする島根県の美保《みほ》神社だ。

事代主神は大国主命《おおくにぬしのみこと》の子で、漁業の神であり、国譲りを承諾したことでも知られる。また海のはてにいる神々の命令を人間に伝える役目を担うとされている。美保神社では四月七日に「青柴垣《あおふしがき》神事」が行なわれ、青柴垣で囲った二艘の神の船に頭人が分乗し、美保湾を回った後に本社に拝する。これは事代主神の国譲りの際の様子を表わしているという。

◎ふたつの恵比寿信仰

神社豆知識

●江戸時代に流行した金毘羅信仰

恵比寿神同様、商売繁盛の神として信仰を集めるのが、「こんぴらさん」と親しまれる香川県琴平《ことひら》町の金刀比羅宮《ことひらぐう》。国造りを行なった大物主神《おおものぬしのかみ》を祭神とする。

金刀比羅宮は、元来真言宗松尾寺金光院《こんこういん》であったが、神仏習合により金毘羅大権現《こんぴらだいごんげん》とされ、大物主神と同一とされた。金毘羅が本来インドの神でワニを神格化した水神または海神であったことから、航海の安全を守る神として、海運によって栄えた大坂の人々の崇敬を集めた。

神無月《かんなづき》に出雲《いずも》へは出かけない神でもある。

第1章

晴明神社《せいめいじんじゃ》

―祭祀を司った陰陽師―

◆祭神
安倍晴明御霊神

◆アクセス（京都市上京区）
JR京都駅よりバス「一条戻り橋」下車すぐ

◆◆◆

晴明神社は、平安時代の陰《おん》陽師《みょうじ》・安倍晴明《あべのせいめい》を祀った神社で、晴明の屋敷跡に建てられた。晴明は、希代の陰陽師で、式神《しきがみ》として十二神将《じゅうにしんしょう》を召喚したと伝えられている。

　陰陽師とは、中国の五行説を基に、天体の観測や暦、卜占《ぼくせん》などにより、国や人の運命を判定する人々。律令制下では、中務《なかつかさ》省《しょう》内に陰陽寮《おんみょうりょう》が置かれ、れっきとした役人となった。

　この陰陽部門は次第に祭祀を執り行なう比重が増え、さらに密教の儀礼的要素も加わって、陰陽道が成立した。また、宮廷での儀礼だけではなく、厄から逃れるために家に籠って謹慎する「物忌《ものいみ》」や、良くない方向を避けて他の場所に移る「方違《かたたがえ》」などの禁忌が日常の生活の中でも頻繁に行なわれた。

　一〇～一一世紀、安倍晴明が現われると、陰陽道は最盛期を迎えた。安倍晴明の陰陽師としての力量は突出しており、花山天皇の退位の意志を式神を使って知ると、これを諫めに赴いたこともあったという。また、晴明は、暦道の賀茂家と並び称される天文道の土御門《つちみかど》家の基礎を築いた。こうした人間離れした彼の功績から、彼を神聖視する向きが生まれたのは当然なのかも知れない。

第1章

門客人神社《まろうどがみじんじゃ》

―アラハバキの足跡―

◆祭神
荒吐神

◆アクセス（さいたま市大宮区）
JR大宮駅より徒歩20分（氷川神社内摂社）

◆◆◆

埼玉県大宮の氷川《ひかわ》神社の摂社は「門客人神社」と呼ばれ、かつては荒脛巾《あらはばき》神社と呼ばれていたという。この氷川神社をはじめ、関東・東北地方の神社にはアラハバキという神を門客神として祀る摂社《せっしゃ》が多く見られる。門客神とは、神社の門などに祀られている土着の神のことで、本来は、外部からの敵の侵入を防ぐ「門神《かどのかみ》」と、主祭神に対して客神《きゃくじん》という扱いとなった土着の神である「客人神《まろうどがみ》」が、合体した神と考えられる。

　当然歴史的には、土着神である門客神のほうが古いのだが、神社建立の際、祭神となったのは天皇家にゆかりのある日本神話の神々だったため、土着神は、主神としての地位を日本神話の神に譲り、門客神として摂社や末社《まっしゃ》で祀られるようになった。外からの神は神の霊力を高めてくれると信じられていたという。

　関東や東北地方で門客神として広く信仰されているアラハバキは、宮城県の荒脛《あらはばき》神社では「足の神」とされている。

　その実態ははっきりせず、東北地方の蝦夷《えみし》の守り神であったとか、邪馬台国の王だった長髄《ながすね》彦《ひこ》とその兄・安日彦《あびひこ》が、神武《じんむ》天皇に追われて津軽の先住民とともに結成したアラハバキ族が祀った神であるなど、諸説ある。

こらむ

社の歳時記①

新たな歳神様を迎えることに始まる神社の一年

春

日本の年中行事には、神道に由来するものが意外に多い。そのなかでもとくに一月は、神々と密接に関わる一か月間だ。

そもそも正月とは、新しい歳神《としがみ》様を迎える神事である。歳神様は、穀物の神ともされ、年が改まった際に、新しい活力をもたらしてくれる存在だ。

そんな歳神様を迎える正月だから、各家庭が飾る門松や注連縄、鏡餅も神座や依代であって、どうぞここへ降臨してくださいという祈りを示すものなのである。

さらに正月には初詣も欠かせない。毎年多くの人が神社へ詣でて、一年の健康や学業成就など、さまざまな願いを神様に託している。

二月の節分には、豆をまいて厄払いをする。

それを鬼に代表させて追い払うが、こちらも神道の影響が強い。本来節分の鬼はその年の豊作を予祝する祖霊だったのである。

それが仏教との習合で鬼となり、追い払うことになってしまったのだ。平安時代頃には鬼を払う儀式として定着し、宮中で行なわれていたという。

また、豆まきの豆には神霊が宿り、穢《けが》れを祓《はら》ってくれるというから、年の数を食べ、神の魂を体に入れるといいのだという。

三月のひな祭りも、もとは水辺で人形《ひとかた》を流した神事に由来する。人形に穢れを託し、水に流して穢れを祓おうとしたのである。この風習は今も流しびなの風習に受け継がれている。

睦月《むつき》

元旦には多くの人が神社を訪れ、参拝する。

如月《きさらぎ》

豆をぶつけられる鬼は、本来神様であった。

弥生《やよい》

流しびなの風習は、人形に穢れを託して流した風習に由来する。

第2章

神社でわかる日本神話の世界

神社でわかる日本神話

日本創世の物語をたどる神社と神様

天地の始まりから天つ神誕生へ

日本の神社には日本独自の神話にまつわる神々を祭神とする神社が、数多く見受けられる。その日本神話は主に、『古事記』『日本書紀』という、奈良時代初期に完成したふたつの歴史書が伝えるものだ。

天地がまだわかれたばかりの世界。

まず天の世界である高天原《たかまのはら》に、次々と神々が出現する。最後に出現したのが伊邪《いざ》那岐命《なきのみこと》・伊邪那美命《いざなみのみこと》の男女神であったが、この二柱の神には、天沼矛《あめのぬぼこ》が与えられ、国生みが命じられる。

地が固まったといっても、まだ水に浮く油のような状態だったので、天浮橋《あめのうきはし》に立った二神は、矛で大地をかき混ぜ、垂れる雫で島をつくった。そのオノゴロ島に降り立った伊邪那岐命・伊邪那美命は、さらに八つの島を生むが、これが豊秋津根《とよあきつね》の大八島と呼ばれる日本列島だ。

国が生まれると、伊邪那岐命・伊邪那美命は、次々に大地や自然を司る神々を生んでいく。その神生みの途中、火の神・迦具《かぐ》土《つち》を生んだ伊邪那美命が女陰に火傷を負って没する。いたく悲しんだ伊邪那岐命は、死の国である黄泉《よみ》へ妻を迎えに行く。

彼女は、決してのぞき見をしないことを条件に黄泉国の神々に伺いを立てると奥へ消えるが、待ちきれなくなった伊邪那岐命は、ついのぞき見して醜く変容した妻の姿を見てしまう。恐怖にかられた伊邪那岐命は逃げ出し、伊邪那美命は約束を破ったことに怒って夫を追いかけてきた。

ようやく逃げ切った伊邪那岐命は、巨大な岩で黄泉国との境界を塞いで妻と絶縁し、清流で穢《けが》れを落とす。そのとき、左目から天照大御神《あまてらすおおみかみ》が、右目から月読命《つくよみのみこと》が、鼻から建速須佐之男命《たけはやすさのおのみこと》が出現する。伊邪那岐命は、この三貴子を自分の後継神と定め、天照大御神に天上界を、月読命に夜の国を、須佐之男命には海原《うなばら》を治めよと命じる。天照大御神が統治する天つ神の住む天上界は高天原、伊邪那岐命・伊邪那美命が国生みで誕生させた神々が支配する地上は葦原中国《あしはらのなかつくに》と、ここで初めて区分されることになる。

出雲建国神話から天孫への国譲りへ

父・伊邪那岐命より海の統治を命じられた須佐之男命は、泣き喚いて命に服さなかったため、追放を宣告される。その際、高天原を治める姉・天照大御神を訪ねたのだが、邪心を疑われてしまう。誓約《うけい》によって潔白を証明したものの、その後は生来の気性の荒さを発揮。高天原で乱暴を重ねる。

それにおびえた天照大御神が天岩戸《あまのいわと》に隠れたことで、この世は光を失った。高天原の神々は、岩戸の前でお祭り騒ぎを演じて天照大御神を呼び出すのに成功したため事

日本神話の流れ

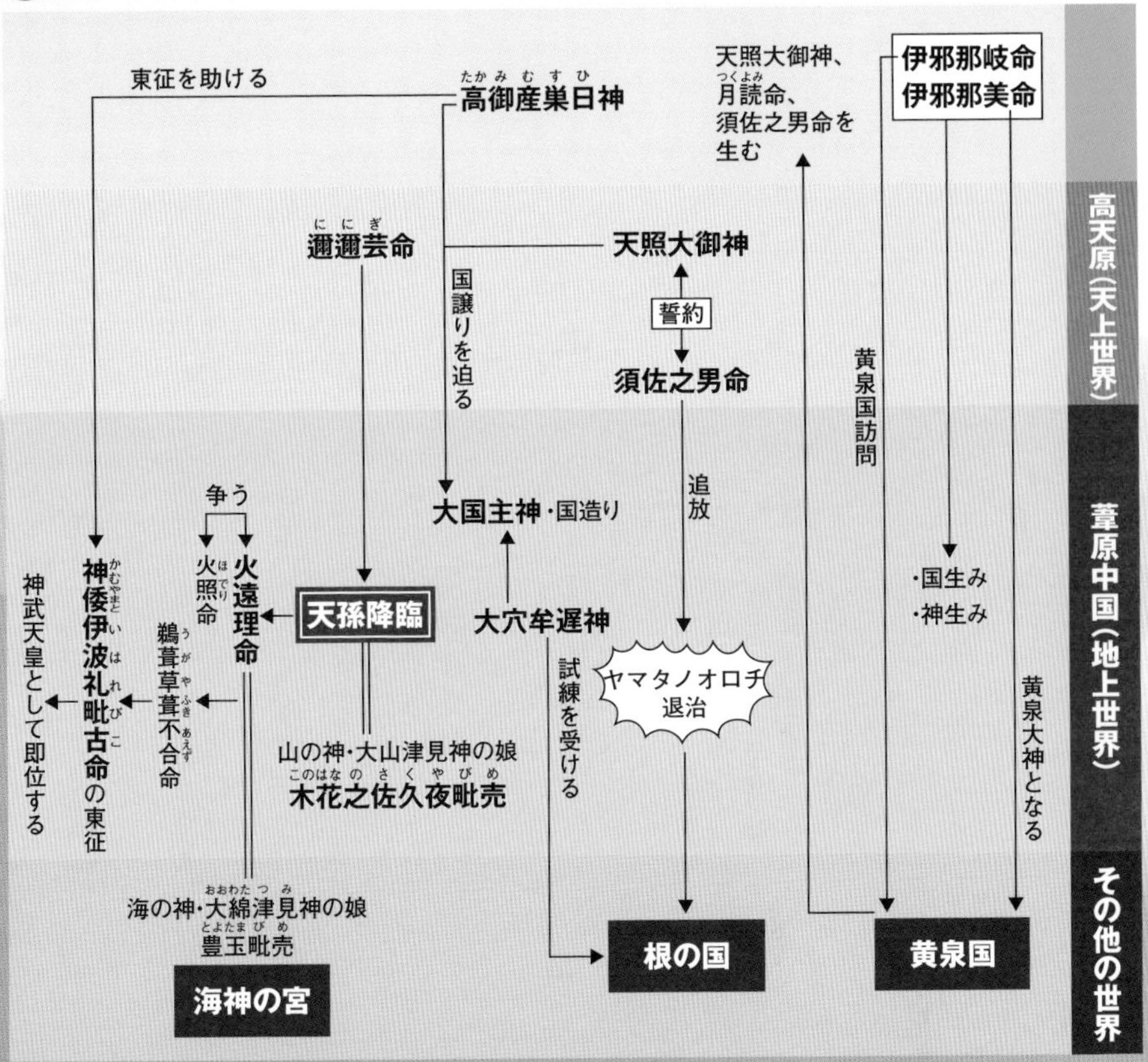

なきを得たが、混乱の原因を生んだ須佐之男命は高天原を追放された。

須佐之男命は、葦原中国の出雲《いずも》に降り立ち、人々を苦しめるヤマタノオロチを退治して櫛名田比売《くしなだひめ》を娶《めと》って子をもうける。その六代後に登場するのが、大穴牟遅神《おおなむちのかみ》。のちに大国主神《おおくにぬしのかみ》と呼ばれる神だ。彼は須佐之男命の試練を潜り抜け、さらに数多い兄弟たちを倒して葦原中国の統治者となった。

大国主神によって治められた葦原中国は栄えた。この様子を見た天照大御神は、この国を自分の息子に治めさせることを決意。大国主神に国譲りを迫った。

国譲り交渉は、難航するものの結局は禅譲が決まる。ただ、天照大御神が目論んだ息子による統治は、直前になって孫・天津《あまつ》日高日子番能邇邇芸命《ひこひこほのににぎのみこと》が誕生したことで孫による統治へと変更になる。かくして邇邇芸命は高天原から葦原中国へ降る。これが、いわゆる「天孫降臨《てんそんこうりん》」神話で、日本は天つ神の子孫の治める地となったのだ。

邇邇芸命が降り立ったのは日向《ひむか》の高千穂《たかちほ》の峰だった。この邇邇芸命から数えて三代目の神倭伊波礼毗古《かむやまといわれびこ》命は、天下を治める地を求めて東征を始める。この伊波礼毗古が大和を征伐して建てたのが大和政権であり、伊波礼毗古が初代天皇・神武《じんむ》天皇となったと、記紀は記述している。

多《た》賀《が》大《たい》社《しゃ》

―国を生みし夫婦の社―

伊邪那岐命と伊邪那美命を天照大御神の上に置いた「お多賀さん」

◆**祭神**
伊邪那岐大神・伊邪那美大神

◆**アクセス**（滋賀県多賀町）
近江鉄道多賀線多賀駅より徒歩10分

国生みを命じられた伊邪那《いざな》岐命《きのみこと》・伊邪那美命《いざなみのみこと》は、オノゴロ島に降り立って夫婦の交わりを結び、国生みに励む。

ただ、ふたりは睦み合う前の儀式の作法に失敗して、大八島に数えられない国生みもしている。その後に正しい作法で生んだ最初の島が淡路島《あわじ》だ。

ここで淡路島が最初に挙げられ、島周辺に伊邪那岐命を祀る神社や伝承が多く残されていることから、淡路島一帯の海人《あま》の伝承が、日本神話に取り入れられた可能性が指摘されている。

そんな伊邪那岐命・伊邪那美命を祀っているのが、「お多賀さん」として親しまれる滋賀県の多賀大社だ。

かつて「お伊勢《いせ》参らばお多賀に参れ、お伊勢お多賀の子でござる」と謳《うた》われたほど、庶民に人気の高かった神社である。庶民は単純に子の天照大御神《あまてらすおおみかみ》より は親のほうが偉いはずだと考えたようだ。

『古事記』の上巻に、すでに伊邪那岐命を多賀に祀ったらしい記述もあり、鎮座は『古事記』成立の八世紀以前ともいわれる。

◎「記紀」で異なる大八島

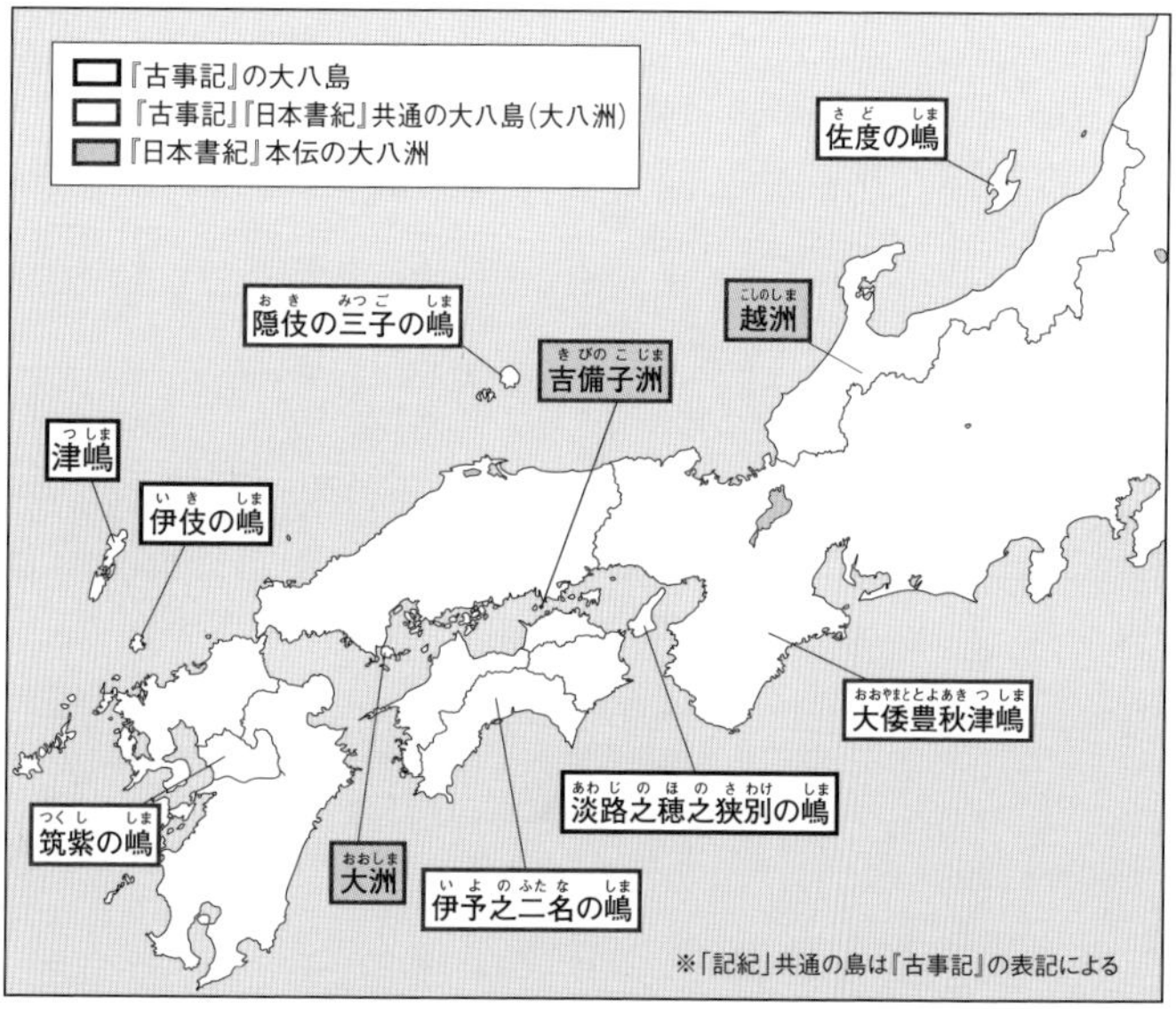

伊邪那岐命と伊邪那美命が生んだ日本列島は大八島（『日本書紀』では大八洲）と呼ばれたが、うちわけは『古事記』と『日本書紀』でわずかに異なっている。

第2章

秋葉山本宮《あきはさんほんぐう》秋葉神社《あきばじんじゃ》

―母を焼いた防火の神―

修験者たちによって火除けの神へと変貌した火の神

◆祭神
火之迦具土大神

◆アクセス（浜松市天竜区）
JR浜松駅より遠州鉄道西鹿島駅バス「秋葉神社前」下車

国生みを終えた伊邪那岐命《いざなきのみこと》・伊邪那美命《いざなみのみこと》は、家の神や自然を司る神々などを次々と生み始める。その途中で伊邪那美命を死に追いやるのが、火の神・火之迦具土《ひのかぐつち》神だ。

火之迦具土神は出産時に母の女陰を焼いて死なせたことで、父伊邪那岐命の怒りを買い、斬り殺されている。そのとき飛び散った血から、雷・水・岩などの神が出現したと『古事記』が記すのは、おそらく溶岩流や火山弾、雷雨など火山活動に伴う自然現象を暗示したものと思われる。

ここからは、火は人間の生活に欠かせないものではあるが、制御できない部分も多く、畏怖《いふ》すべき対象と見る古代人の思いが読み取れる。

そんな畏怖の念が、火之迦具土神を祀る神社を誕生させている。静岡県に鎮座している秋葉山本宮秋葉神社だ。その御利益は火伏せに火除け。母を焼き殺した火の神を祀ることで、逆に火除けの神徳があるのだという。また、秋葉山は修験《しゅげん》道場としても知られ、後世には修験僧たちによって全国に秋葉信仰が広まっていった。

◎迦具土の体から生まれた神々

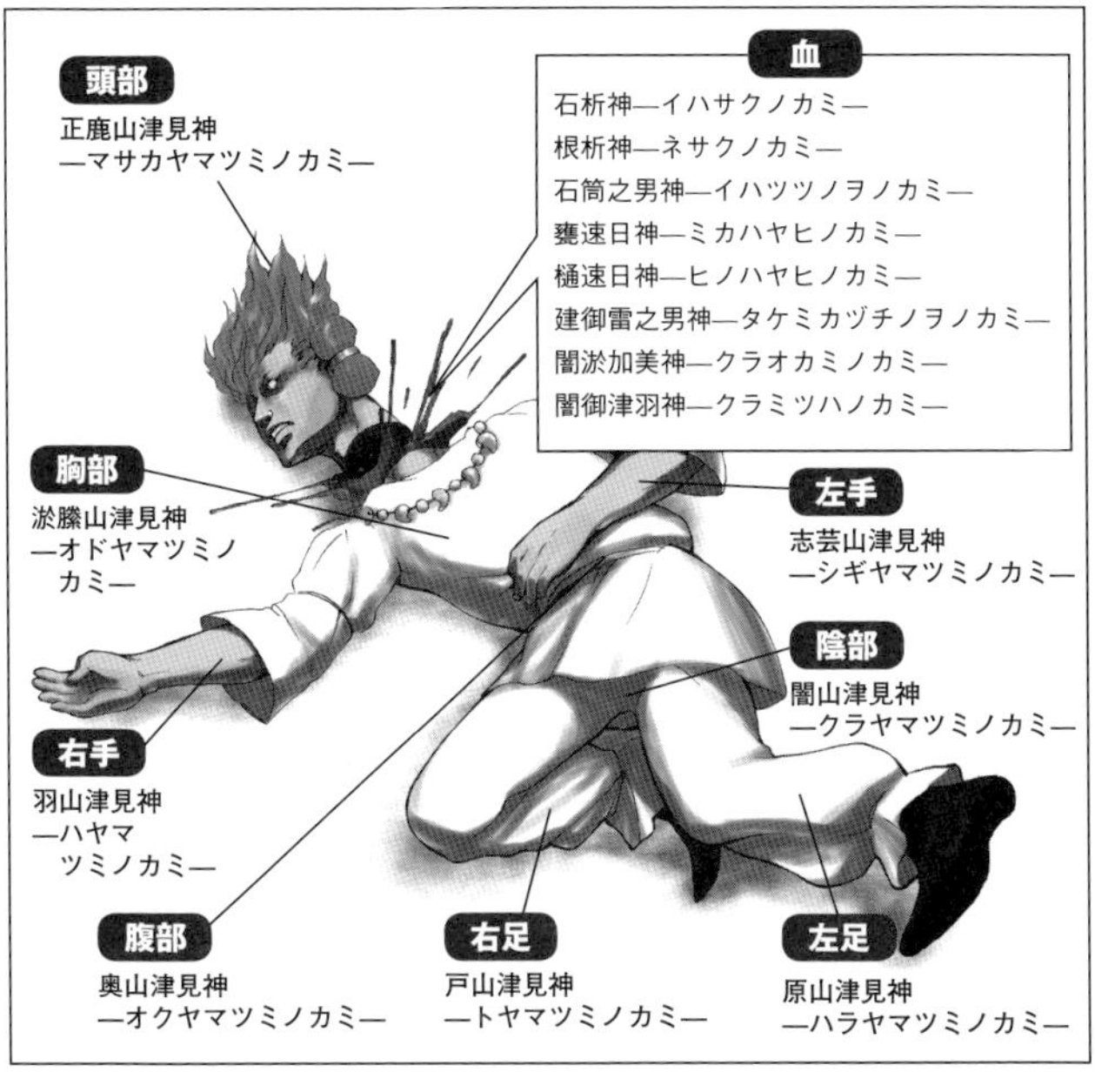

宗像大社《むなかたたいしゃ》

―航海の神として祀られる三女神―

玄界灘の孤島に残る古代祭祀の痕跡と三女神の信仰

◆祭神

田心姫神（沖津宮）・湍津姫命（中津宮）・市杵島姫神（辺津宮）

◆アクセス（福岡県宗像市）

辺津宮／JR鹿児島本線東郷駅から「神湊波止場行」の西鉄バス「宗像大社前」下車

中津宮／JR鹿児島本線東郷駅から「神湊波止場行」の西鉄バス「神湊波止場」下車、神湊港から村営渡船またはフェリーで「大島港」下船

誓約で生まれた三柱の女神たち

伊邪那岐命《いざなきのみこと》の禊《みそぎ》で誕生した須《す》佐《さ》之男命《のおのみこと》であったが、海の統治を命じられても母を恋しがって、従おうとしなかったため、伊邪那岐命によって追放されてしまう。そこで高天原《たかまのはら》の姉天照大御《あまてらすおおみ》神《かみ》に別れを告げに向かうが、荒々しい態度に天照大御神は高天原を奪われることを懸念《けねん》し、邪心のない証明を求める。

須佐之男命は身の潔白を証明するために「誓約《うけい》」を提案。その結果、須佐之男命が天照大御神の珠から生んだのが五柱の男神であり、天照大御神が須佐之男命の剣から生んだのが三柱の女神である。

誓約によって生まれた神々

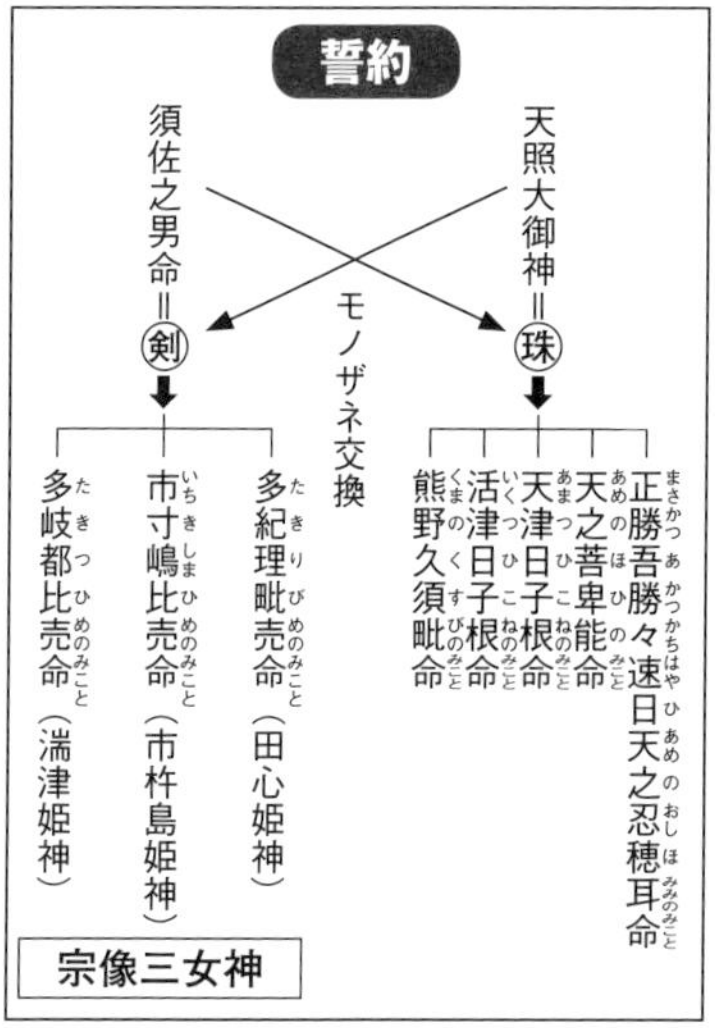

『古事記』によれば、天照大御神と須佐之男命がそれぞれ生んだ子は、生成した物（珠と剣）の持ち主の子であるとする。したがって。三女神は須佐之男命の子となる。

長年にわたり秘密に包まれ続けた神社

ここでは田心姫《たごりひめ》、湍津姫《たぎつひめ》、市《いち》杵島姫《きしまひめ》の三女神に注目したい。

三女神は、邇邇芸命《ににぎのみこと》の天孫降《てんそんこう》臨《りん》に先立って、天照大御神の命を受けて降臨したという。

この三女神を祀るのが、福岡県の宗像大社だ。三宮をもって構成されるが、この三宮はそれぞれ海を隔てて鎮座している。

まず陸地の宗像市田島に鎮座する辺津《へつ》宮には市杵島姫神が、沖合いに浮かぶ大島の中津《なかつ》宮には湍津姫神が、そして玄界灘《げんかいなだ》の孤島・沖《おき》ノ島の沖津《おきつ》宮には田心姫神がそれぞれ祀られている。

本来は地元の宗像一族が祀っていた神で、海路の安全を守る

沖津宮 田心姫神を祀る沖津宮は玄界灘の孤島・沖ノ島に位置する。

中津宮 湍津姫神を祀る。

宗像大社の配置

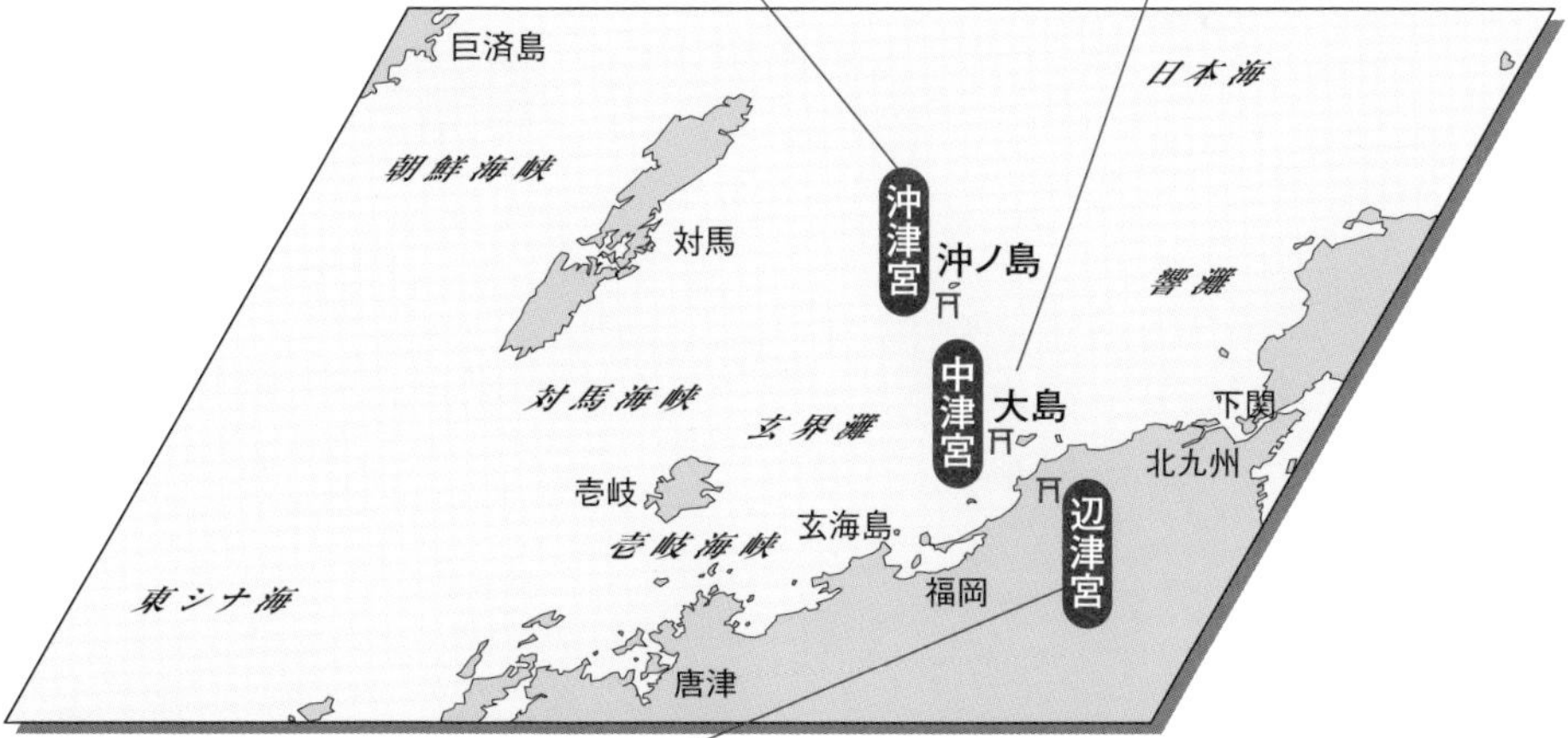

ほぼ一直線に連なる宗像三宮。とくに絶海の孤島である沖之島は篤い崇敬を集めており、近年の調査では8万点にも及ぶ祭祀の遺物が出土。「海の正倉院」と称されている。

神である。大陸への航路となる海域を鎮め、交易に携わる人々の崇敬を集めてきた。朝廷からも手厚い保護を受けている。

とくに沖津宮のある沖ノ島は古くからの祭祀跡が発見される神体島で、島から草一本すら持ち出すことが禁じられてきた。

昭和も戦後になってようやく調査が行なわれ、古代の祭祀《さいし》遺跡や遺物が大量に出土。この島と三宮への信仰の深さが改めて確認されている。

辺津宮 市杵島姫神を祀る。

天岩戸神社《あまのいわとじんじゃ》

―天岩戸を崇める神秘の社―

禁足地に面して建てられた拝殿より、太陽の女神が籠りし岩戸を遥拝する

◆祭神

天照皇大御神（東本宮）・大日孁尊（西本宮）

◆アクセス（宮崎県高千穂町）

JR日豊本線延岡駅よりバス「終点」下車徒歩すぐ

天照大御神の岩戸籠りでこの世は光を失う

天岩戸神社は天孫降臨《てんそんこうりん》伝説の残る地・宮崎県高千穂町に鎮座する。

神社は東西に分かれてふたつの本宮があり、東本宮は天照大《あまてらすおお》御神《みかみ》を祭神とし、西本宮は天照大御神の別名である大日孁尊《おおひるめのみこと》を祀る。その西本宮の神体は、なんと岩。それも天照大御神が籠ったという天岩戸なのだ。

誓約《うけい》後の須佐之男命《すさのおのみこと》は増長して、高天原《たかまのはら》で乱暴を重ねる。その行動に手を焼いた天照大御神は、洞窟に籠って岩で入口を塞いでしまう。これが天岩戸である。太陽神である天照大御神が姿を消したことによって、世界は闇に包まれてしまう。

天安河原　天岩戸神社を流れる岩戸川を遡ると、神々が天照大御神を連れ出す方法を相談したと言われる河原がある。

太陽神を誘い出す神々の知恵

困った高天原の八百万《やおよろず》の神々は天安河原《あめのやすかわら》に集まって策を練った。彼らは鶏を鳴かせ、天宇受《あめのうず》売命《めのみこと》という女神に舞を舞わせ、岩戸の前で神々は大騒ぎを始めた。

天照大御神は、自分がいないのに騒がしい外の様子を不審に思い、わずかに岩戸を開いた。そこへ強力の神・天手力男神《あめのたぢからおのかみ》が躍り出て岩戸を押し開き、天照大御神を外へ引き出すことに成功。この世に光が戻ったのだった。

この神話の舞台が、岩戸川の流れる天岩戸神社周辺というわけだ。

天岩戸は西本宮の拝殿《はいでん》と岩戸川を挟んだ対岸にある。禁足の地とされるこの洞窟は、西本宮の拝殿裏手より遥拝《ようはい》することができる。

また、天岩戸神社周辺には天安河原や、天宇受売命が手に持って舞ったといわれる招霊の木など、伝説にかかわる遺物が伝わっている。

主な天岩戸伝承地

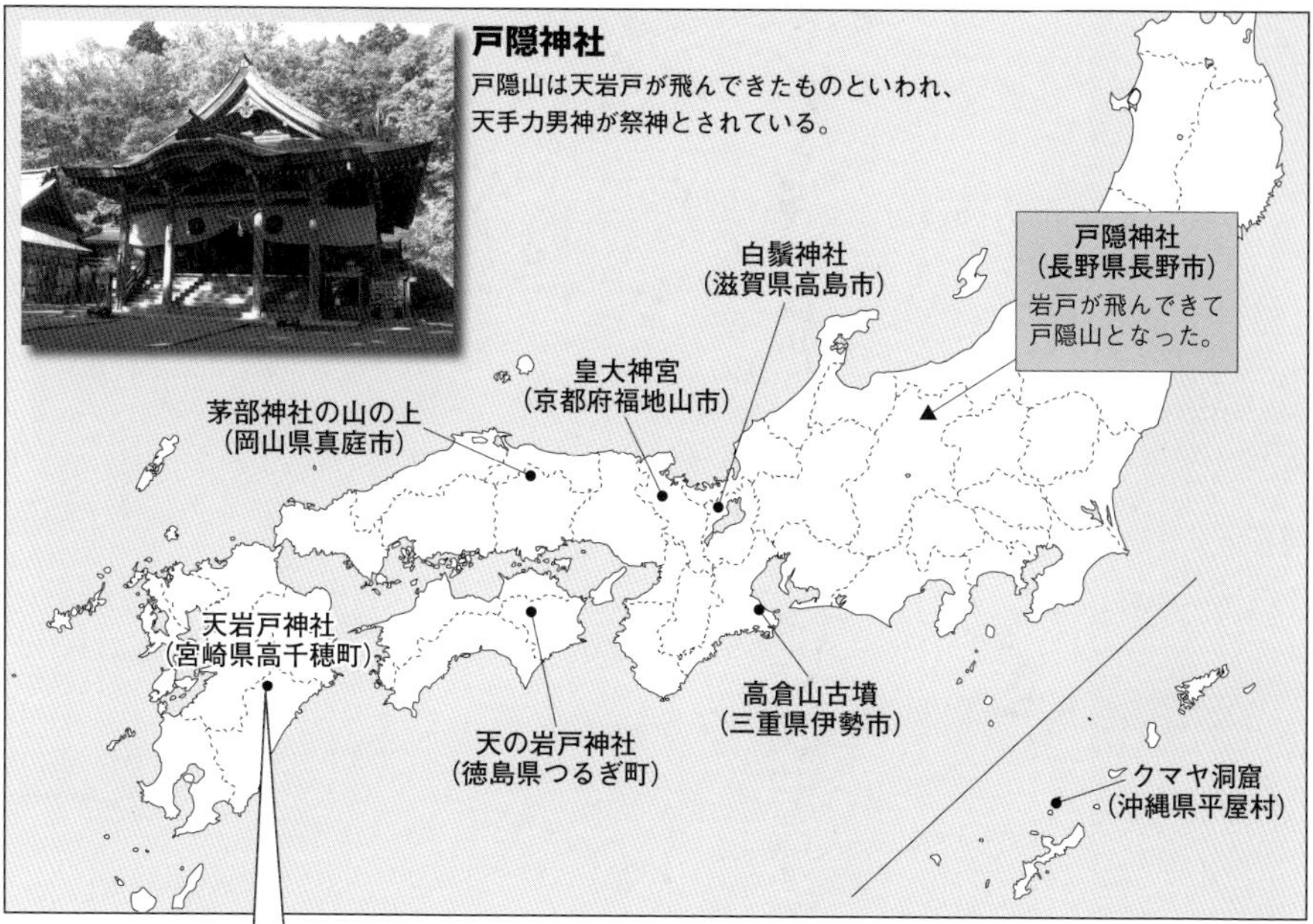

天岩戸の伝承地は西日本各地に広く分布している。なかでも宮崎県高千穂町の天岩戸神社周辺には、神話にまつわる史跡が散見できる。

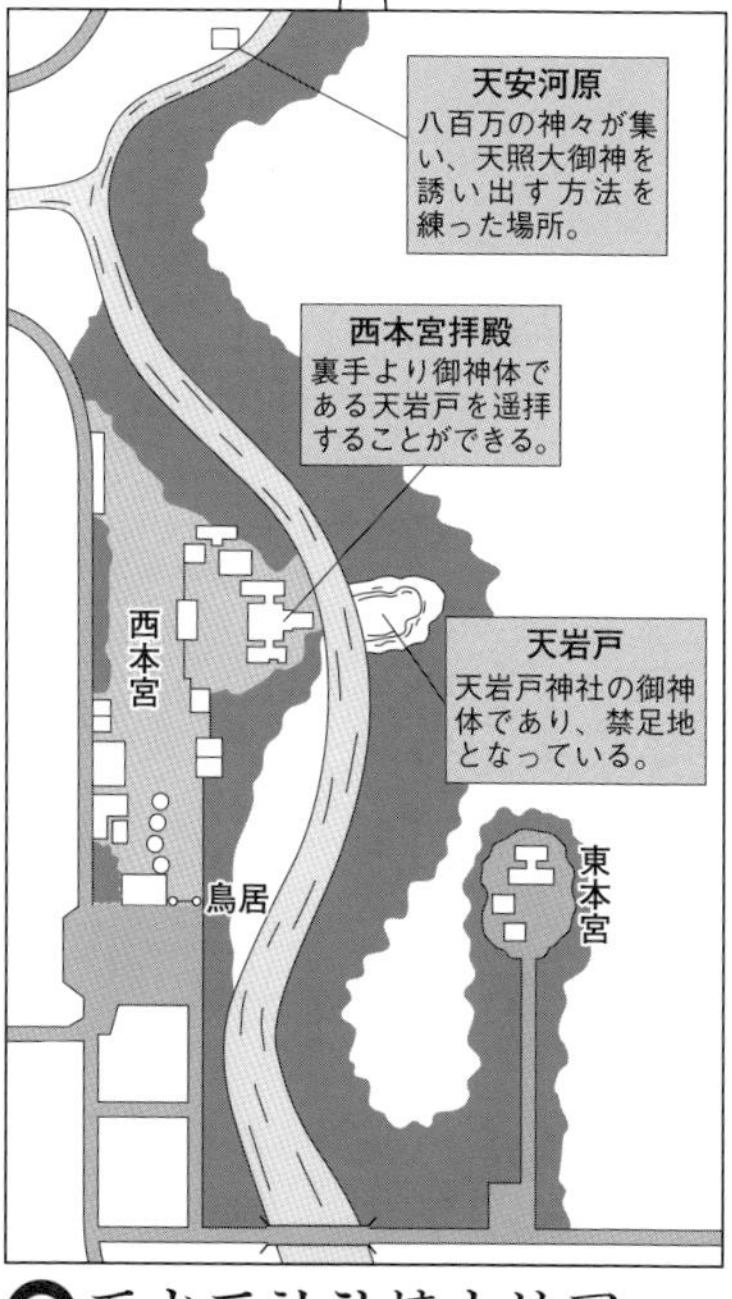

天岩戸神社境内地図

神社豆知識

●自然を敬う神道の教え

神道には仏教やキリスト教のように明確な教義は存在しない。ただ、神社本庁がまとめた「敬神生活の綱領」という実践心得が存在する。それによれば、自然崇拝、祖霊崇拝、伊勢信仰だという。

天岩戸神社や大神神社のように、自然の造形物を御神体として祀るというのは、神道の根源に結びついている。

古来、日本では森羅万象《しんらばんしょう》に神が宿るという自然崇拝の文化を育ててきた。これは自然と共存することでもあった。

人間も自然の一部であり、自然によって生かされているのだから、感謝して敬うという考えが神道の本質。その意味で、自分の先祖も崇拝の対象となる。先達《せんだつ》の教えに導かれるという信仰ではなく、神を拠《よ》り所に生きることなのだ。

氷《ひ》川《かわ》神《じん》社《じゃ》

―出雲の神々を祀る関東の社―

謎に包まれた須佐之男命信仰、関東への拡大とその拠点

出雲の国造りの祖となった須佐之男命

高天原《たかまのはら》を追放された須佐之男《すさのおの》命《みこと》は、出雲《いずも》国へと降り立つ。

そこで須佐之男命は八つの頭を持ち、尾が八本に分かれている怪物ヤマタノオロチに苦しめられる手名椎《てなづち》、足名椎《あしなづち》という老夫婦と、櫛名田比売《くしなだひめ》という娘に出会った。

事情を聞いた須佐之男命は、ヤマタノオロチ退治を買って出る。彼はまず強い酒を用意させ、さらに八つの門を設けさせた。そして門ごとに酒の入った桶を置かせたのである。やがて現われたヤマタノオロチは、その酒を飲んで酔い潰れ、須佐之男命はこれを剣で斬り刻んだ。策を駆使して見事ヤマタノオロチを退治した須佐之男命は、櫛名田比売と結ばれ、この地に宮を建てて暮らしたという。

こうした伝説の地であることから、島根県松江市の八重垣《やえがき》神社や、京都市の八坂《やさか》神社などのように、須佐之男命を主神に祀

素戔嗚尊像
松江市八重垣《やえがき》神社の本殿銅板に描かれた素戔嗚尊《すさのおのみこと》像。893（寛平５）年、巨勢金岡《こせのかなおか》の筆とされる。

◆祭神
須佐之男命・稲田姫命・大己貴命

◆アクセス（さいたま市大宮区）
JR大宮駅より徒歩20分

氷川神社参道の並木道

った社は、出雲地方を中心に西日本に数多く存在する。

出雲から関東に持ち込まれた須佐之男命信仰

そんな出雲から遠く離れた関東にも須佐之男命ゆかりの神社が多数ある。

かつて武蔵《むさし》国一の宮とされ、須佐之男命と櫛名田比売を祭神とするのが、埼玉県さいたま市の氷川神社だ。

六世紀半ばに武蔵国造《くにのみやつこ》だった人物が出雲国造と同族で、出雲から分社する形で、二柱の神を氏神《うじがみ》として祀ったのが始まりといわれるが、社伝によると、孝《こう》昭《しょう》天皇の御世に、出雲の杵築大《きつきのおお》社《やしろ》（出雲大社）の神を勧請《かんじょう》したのが始まりという。

だが境内に接した見沼に表わされるように、本来は水神を祀ったのが始まりのようである。水神と須佐之男命との結びつきは不明だが、『日本書紀』では須佐之男命の妻を「奇稲田姫」と表記する一方、見沼も干拓されて水田となっている。このあたりに謎を解く鍵が潜んでいるのかもしれない。

神社豆知識

●八重垣神社

櫛名田比売を娶った須佐之男命が宮を建てたと伝えられる場所に鎮座するのが島根県松江市の八重垣神社である。

『古事記』において櫛名田比売は、櫛に姿を変えて須佐之男命の角髪に隠れたとされている。だが、八重垣神社にはヤマタノオロチ退治を前に、須佐之男命がこの地に八重垣を築いて櫛名田比売の身を隠したという伝承があり、神社創建のきっかけという。

神社奥院《おくのいん》の森にある鏡《かがみ》ノ池はその際に比売が身を潜めたといわれ、現在は紙の沈み方で婚期がわかるという占いが行なわれている。またこの池からは古墳時代後期の遺物が出土しており、古くから祭祀の場であったことを示している。

さらに神社の宝物殿には古代の宮廷画家巨勢金岡《こせのかなおか》が描いたといわれる素戔嗚尊像などの板絵が納められている。

出雲大社《いずもたいしゃ》

―神々が集う杵築の大社―

なぜこの地に古代の巨大神殿が建てられたのか？

◆祭神
大国主大神

◆アクセス（島根県出雲市）
一畑電車出雲大社前駅から徒歩7分またはJR山陰本線出雲市駅からバス約30分

因幡の素兎伝説と国造り物語

旧暦十月に日本中の神様が集まるといわれる出雲大社は、大《おお》国主神《くにぬしのかみ》を主祭神とする。大国主神とは、記紀神話ではまず須《す》佐《さ》之男命《のおのみこと》の六代目の子孫・大穴牟《おおなむ》遅《ち》神として登場し、のちに葦原《あしはらの》中国《なかつくに》の王・大国主神となった。

彼は、皮を剥がれた稲羽《いなば》の素《しろ》兎《うさぎ》に治療法を教えてやる逸話が有名だ。その後兄たちの虐待を受けた大穴牟遅神は根の国へ逃亡。そこでは須佐之男命から試練を与えられる。

しかし、須佐之男命の娘須勢理毘売《すせりびめ》に助けられて試練を克服し、根の国を脱出した大穴牟遅神は、彼女を妻にし、兄たちを倒して、地上の支配者・大国主神となった。

発掘された心御柱《しんのみはしら》
巨大建築・出雲大社の痕跡を示す巨大な心御柱の跡。

大社創建にまつわる異なる伝説

その後、国造りを行なって国土を富ませた大国主神であったが、天照大御神《あまてらすおおみかみ》から国譲りを迫られる。大国主神は、要求を受け入れる代わりに、巨大宮殿の建設を申し出て受け入れられている。この宮殿こそが、出雲大社の起源だという。

しかし『出雲国風土記《ふどき》』は、大穴持命《おおあなもちのみこと》（大穴牟遅神）のために、神々が杵築《きつき》の地に集まって宮殿を築いたと伝え、出雲大社の別名を杵築大社としている。

このように創建の理由についてはいくつもの伝説があり、はっきりしていない。ただし、出雲大社境内からは祭祀《さいし》跡が発見されるなど、かつてこの地が重要な祭祀の場であったことは確かなようだ。

そのような地に建てられた出雲大社の本殿は、かつて四八メートルの高さを誇ったといわれる。現在の本殿は、二四メートルの高さであるから、およそ二倍の高さであったことになる。これを裏付ける発見が今も続いており、考古学的にも注目される神社といえよう。

出雲大社本殿復元模型　鎌倉時代を想定して制作された１／50サイズの出雲大社本殿の復元模型。

◎出雲大社境内地図

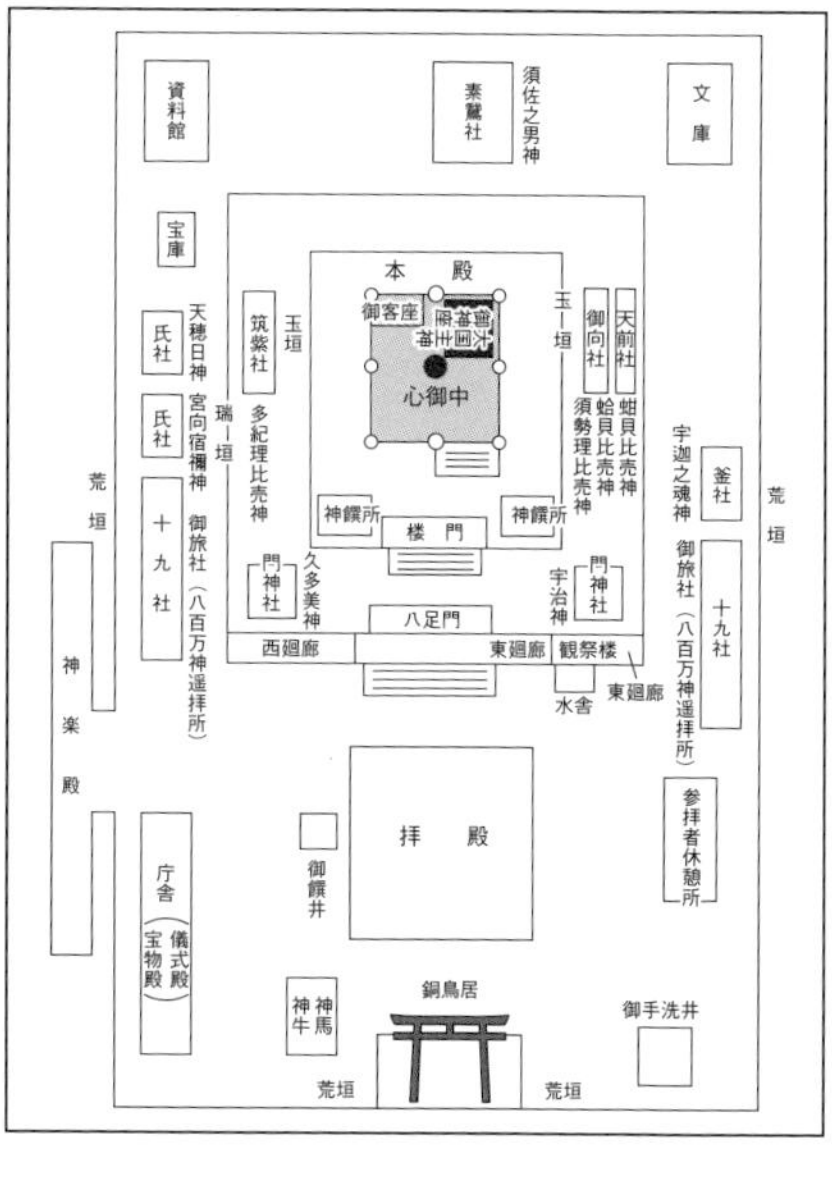

神社豆知識

●天つ神と国つ神

日本で祀られている八百万の神々は、天つ神と国つ神のふたつの系統に分かれる。これは、須佐之男命が天照大御神の前で乱暴を働き、高天原を混乱に陥れたため、地上に追放され、国つ神の性格を帯びたことに由来する。歴史的には大和の支配者たちが祀る神が天つ神となり、支配下に加わった豪族たちが祀る神々が国つ神となったようだ。

『延喜式《えんぎしき》』によれば、天つ神は天上の雲の上におり、国つ神は地上の山中にあって雲や霧の中に鎮まるという。そして、天つ神を天神とし、地の神・地祇の上位に置く、天神地祇《てんじんちぎ》の思想が生まれた。

大国主神が活躍する神話の舞台・出雲。荒神谷遺跡や加茂岩倉遺跡より大量の銅剣や銅鐸が発見される一方、四隅突出型墳丘墓に代表される独自の墓制を有する出雲地方は、かつて強大な宗教国家が存在したという説がささやかれている。またこの地方は独自の神話を持ち、大社造の巨大神殿がそびえる。

神魂《かもす》神社（松江市大庭町）
記紀神話では裏切り者とされる天穂《あめのほ》日《ひ》命が創建したといわれる。天穂日命は出雲国造の祖とされ、国譲りの際には天孫のために国家平定に貢献したといわれる。本殿は日本最古の大社造として国宝に指定されている。

美保《みほ》神社（松江市美保関町）
事代主神系えびす社3000余社の総本社。国譲り神話に基づく青柴垣神事・諸手船神事が受け継がれている。

揖夜《いや》神社（八束郡東出雲町）
『出雲国風土記』には「伊布夜社」の名で記載される。伊邪那岐命が伊邪那美命を求めた黄泉《よみ》国と葦原中国の境にあたる黄泉比良《よもつひら》坂《さか》の伝承地を付近に控える。

須我神社（雲南市大東町）
須佐之男命、櫛名田比売などを祀る。須佐之男命がヤマタノヲロチを退治したのち、当地を訪れ「心がすがすがしくなった」と言って宮を建てたといわれる。

地図で読み解く神社 二

【出雲】—訪ねておきたい大国主神話の舞台—

熊野大社（松江市八雲町）

『出雲国風土記』において意宇《おう》郡の社のなかでも「大社」として記載され、古代、出雲大社と並ぶ大社であった。少なくとも平安初期までは出雲国の神社の筆頭とされていたようである。

佐太神社（松江市鹿島町）

正式には佐太御子神社といい、加賀神埼《かむさき》で誕生したといわれる佐太大神を祀る。生誕地は現在加賀の潜戸として伝わり、船でここを通過する時は大声を出して通過しないと転覆させられるという。

八重垣神社（松江市佐草町）

祭神である素戔鳴尊、奇稲田姫の故事から縁結びの神社として信仰を集める。社殿後方の「奥院」には原生林があり、「鏡の池」と呼ばれる神池や「夫婦杉」と呼ばれる２本の大杉がある。

神原《かんばら》神社（雲南市加茂町）

もともと斐伊川支流の赤川の川岸にあったが、改修工事で移転。旧鎮座地は神原神社古墳という前方後円墳の真上にあったが、調査により景初三年の年号が記載された銅鏡が発見された。

鹿島神宮《かしまじんぐう》 香取神宮《かとりじんぐう》

―東国に座する武神―

利根川を挟んで鎮座し、最果ての地を守った二柱の武神

◆祭神

鹿島神宮／武甕槌大神
香取神宮／経津主大神

◆アクセス（茨城県鹿嶋市・千葉県香取市）

鹿島神宮／JR鹿島線鹿島神宮駅より徒歩7分
香取神宮／JR成田線佐原駅よりバス「香取神宮」下車

難航した国譲り交渉で、最後に送られたのが武神・建《たけ》御雷之男神《みかずちのおのかみ》だ。彼は建御名方神《たけみなかた》を破り、国譲りを成功に導く。

ただし、『日本書紀』では国譲りに功のあった神として、建御雷のほかに経津主《ふつぬし》が登場する。

この二柱の武の神様が、なぜか畿内を遠く離れた関東に、利根川を挟んで建つ二社に鎮座している。建御雷を祀るのが茨城県の鹿島神宮で、経津主を祀るのが千葉県の香取神宮《かとりじんぐう》だ。

かつてこの地は大和朝廷の東限であり、ここより北は蝦夷《えみし》の支配する地であった。そんな辺境の地に最強の武神を祀ることで東の鎮めとしたのである。

神社豆知識

●総社・一宮

共に武神を祀る鹿島神宮は常陸国《ひたちのくに》一宮《いちのみや》を名乗り、香取神宮は下総国《しもうさ》一宮を名乗る。

ということは二宮《にのみや》、三宮《さんのみや》もあり、この神社につく数字は、律令時代にあったとする神社の格の名残だ。

律令制下の神祇制度では、国《こく》司《し》が派遣されると、まず その土地の神社を格の高い順に参拝して回った。そのとき、回る順がそのまま、一、二、三となっていったようだ。ただ、序列決定の基準は、はっきりしていない。

さらに国司による神社での祭祀を簡素化するため、必要な神社を一か所に勧請《かんじょう》して生まれた神社を総社《そうじゃ》と呼ぶ。

◎鹿島神宮と香取神宮

鹿島神宮と利根川を挟んだ場所に鎮座する経津主神は、『日本書紀』において、各地のまつろわぬ神々を平定したといわれる。

第2章

諏訪大社《すわたいしゃ》

―武神として崇められた反抗の神―

最強の武神に立ち向かったことで、敗者ながら崇拝された建御名方神

◆祭神
上社／建御名方命・八坂刀売命
下社／建御名方命・八坂刀売命・御兄八重事代主神

◆アクセス（上社本宮：長野県諏訪市／下社春宮／秋宮：下諏訪町）
上社本宮／JR茅野駅よりタクシー10分
下社秋宮／JR下諏訪駅より徒歩約10分

諏訪湖畔に鎮座し、御柱祭で有名な諏訪大社の祭神は、建御名方神《たけみなかたのかみ》で、五穀豊穣《ごこくほうじょう》の神徳があるという。これは建御名方神が、一三人の御子神とともに、諏訪の地を開拓したという背景に由来する。

この建御名方は出雲《いずも》の大国主《おおくにぬしの》神《かみ》の御子神であった。それがなぜ信濃《しなの》国にいるのかといえば、国譲り神話にその理由がある。

国譲りの要求を受けた大国主神は、息子の判断に任せると建御《たけみか》雷《ずち》に答える。ふたりの息子のうち事代主《ことしろぬし》は禅譲を約束するが、抵抗したのが建御名方だ。

かくして建御名方は最強の武神・建御雷に挑んだものの、かなわず、諏訪の地まで敗走させられた。そこで、この地を一歩も出ないと誓って負けを認め、国譲りの道が開かれたのだった。

建御名方は、敗軍の将ではあったが、勇ましい国《くに》つ神《かみ》だったことに変わりはない。そのため、平安時代後期ごろには、最強の武神に挑んだ勇気が認められ、「関東の軍神、鹿島、香取、諏訪の宮」と、天《あま》つ神《かみ》の二武神と並び称されるようになった。

◎諏訪大社周辺図

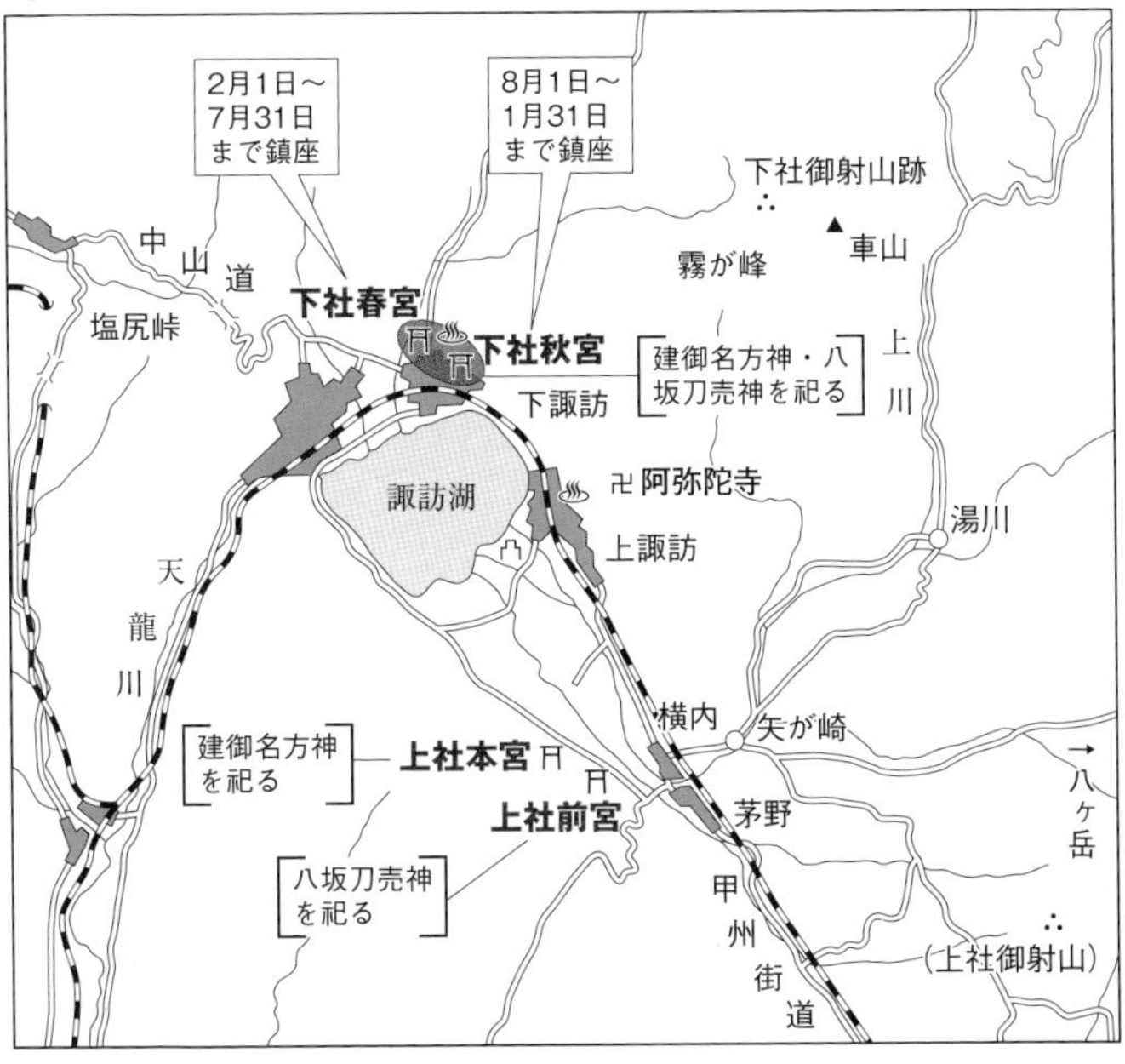

霧島神宮《きりしまじんぐう》

―天孫が鎮座するもうひとつの「高千穂」―

天逆鉾が突き立てられた高千穂峰を望む天孫降臨の地

天孫降臨伝説の最有力候補・高千穂峰

記紀の天孫降臨《てんそんこうりん》神話で邇邇芸《ににぎの》命《みこと》の降り立った高千穂《たかちほ》については、宮崎県高千穂町と、霧島神宮がある鹿児島県霧島市の二説が最有力といわれている。霧島市のほうは、正確にいえば鹿児島・宮崎県境にある霧島連山第二の高峰、高千穂峰だ。記紀には、降臨の地について「筑紫《つくし》の日向《ひむか》の高千穂のくじふる嶺《たけ》に天降る」とあり、いずれとも決めがたい。

ただ高千穂の峰の山頂には、邇邇芸命が降臨のとき突き立てたという天逆鉾《あまのさかほこ》という名の石があり、霧島神宮はその南西麓に創建された。祭神は当然邇邇芸命である。

邇邇芸命の降臨に関わった神々を祀る神社

邇邇芸命の降臨に際しては、天《あま》つ神《かみ》が何人も随伴神《ずいはんしん》として従っている。たとえば天岩戸《あまのいわと》前で舞を舞った天宇受売《あめのうずめ》命、隙間のできた岩戸を押し開けた天手力《あめのたぢから》男《お》神などだ。

また降臨する邇邇芸命が天浮橋の途中まで来たとき、迎えに出ていたのが国《くに》つ神《かみ》の猿田彦《さるたびこ》で、彼は日向まで道案内を務めている。こうした天孫降臨神話に登場する神々もまた、各地の神社に数多く祀られている。

天宇受売命を祀っている代表が、三重県の椿大神社《つばきのおおがみやしろ》の摂社《せっしゃ》である天鈿女社で、神楽《かぐら》や芸能の神とされている。

天手力男神は長野県の戸隠《とがくし》神社に祀られる。高天原で天岩戸を押し開けて投げたとき、飛んだ岩戸が落ちたのが、信濃国戸隠だったという伝承によるもので、その強力ぶりからスポーツの神として信仰を集めている。

神社豆知識

●猿田彦と道祖神

集落の入り口や道の辻などに祀られている道祖神《どうそじん》。たいていは石像で、さまざまな姿をしている。ただ丸い石が置いてあるだけのこともあれば、男女一対のものなどもある。本来が集落の守護神と考えられていて、悪霊や疫病などの災厄が集落に入り込まないよう祀ったものだ。

じつはこの道祖神、猿田彦と同一視されている。天孫降臨において邇邇芸命の道案内をしたという経歴から、道の往来、つまり旅の安全を保証する神となっていったのである。

◆祭神

天饒石国饒石天津日高彦火瓊瓊杵尊

◆アクセス（鹿児島県霧島市）

JR日豊本線霧島神宮駅よりバス「霧島神宮」下車

天逆鉾 霧島連峰の高千穂峰山頂に突き立てられた天逆鉾。

◎天孫降臨に関わる神々を祀る神社

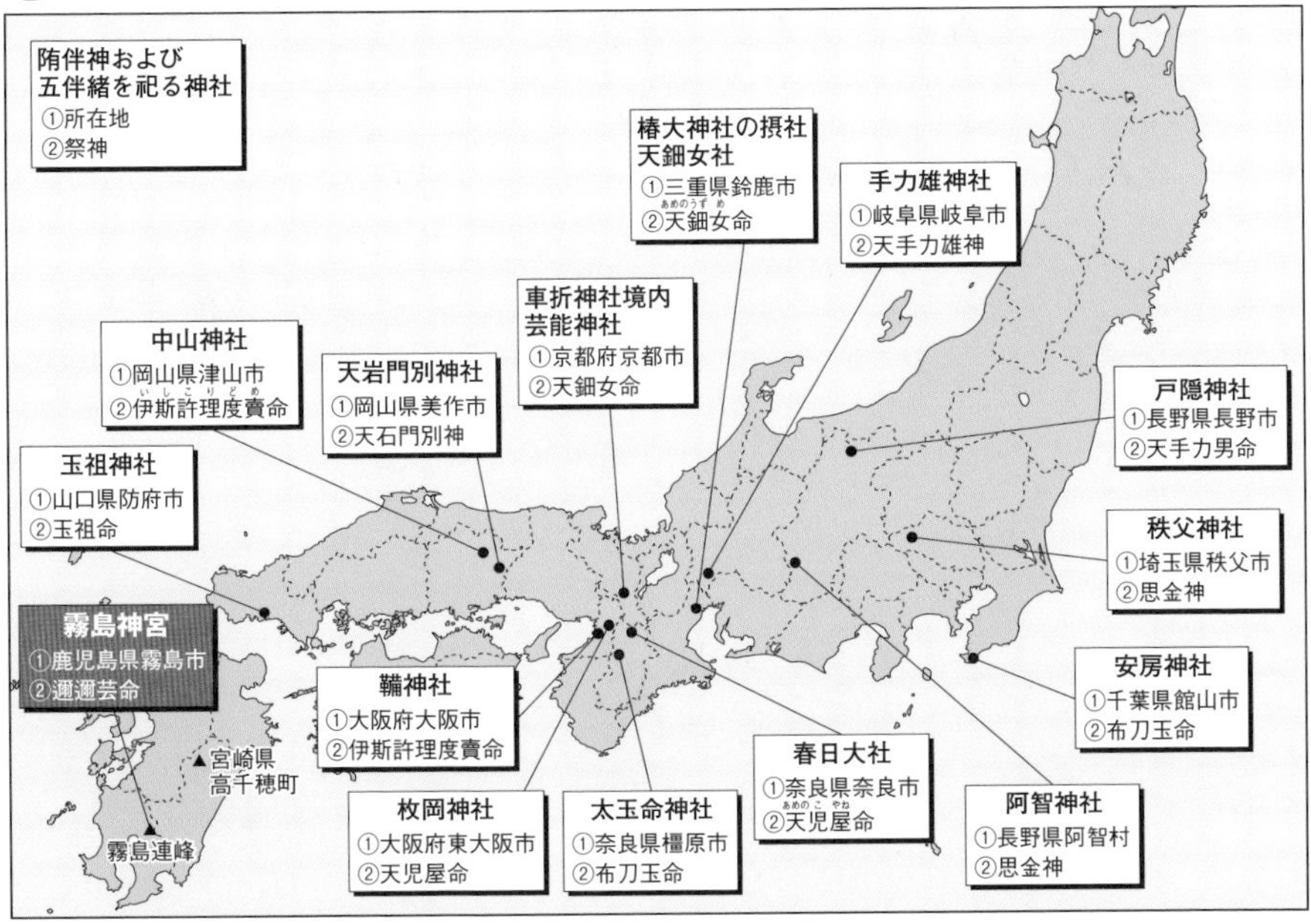

富士山本宮《ふじさんほんぐう》浅間大社《せんげんたいしゃ》

―女神は噴火をも鎮める―

富士山の噴火を鎮めるべく祀られた火中出産の女神

◆**祭神**
浅間大神／木花之佐久夜毘売命

◆**アクセス**（静岡県富士宮市）
ＪＲ身延線富士宮駅より徒歩10分

高千穂に降臨し、日向に宮を築いた瓊瓊芸《ににぎ》命は、笠沙岬《かささのみさき》へ赴く。そこで瓊瓊芸は、山の神・大山津見神《おおやまつみのかみ》の娘・木花之佐《このはなのさ》久夜毗売《くやびめ》を見初め、結ばれる。

だが、木花之佐久夜毗売が一夜の契りで身籠ると、瓊瓊芸は自分の子ではないと疑いをかける。疑惑を解くために、木花之佐久夜毗売は火を放った産室の中で出産する。

天孫・瓊瓊芸の子なら無事に生まれるという証明のためで、確かに彼女は難なく火遠理命《ほおり》・火照命《ほでり》ら三人の子を産む。

この伝説が木花之佐久夜毗売に思わぬ役割を背負わせることになる。

第一一代垂仁《すいにん》天皇の時代、富士山の噴火が続き、世は不安に襲われていた。

そこで山霊を鎮めるために天皇は、富士山本宮浅間大社を創建させた。

この神社に祀られたのが、木花之佐久夜毘売だ。あえて火中での出産に挑んだ女神には、火を鎮める力が備わっているとされたのである。

また、この奥宮は富士山の頂上にあることでも有名。八合目から上は浅間大社の境内でもあるのだ。

◉浅間大社と富士山

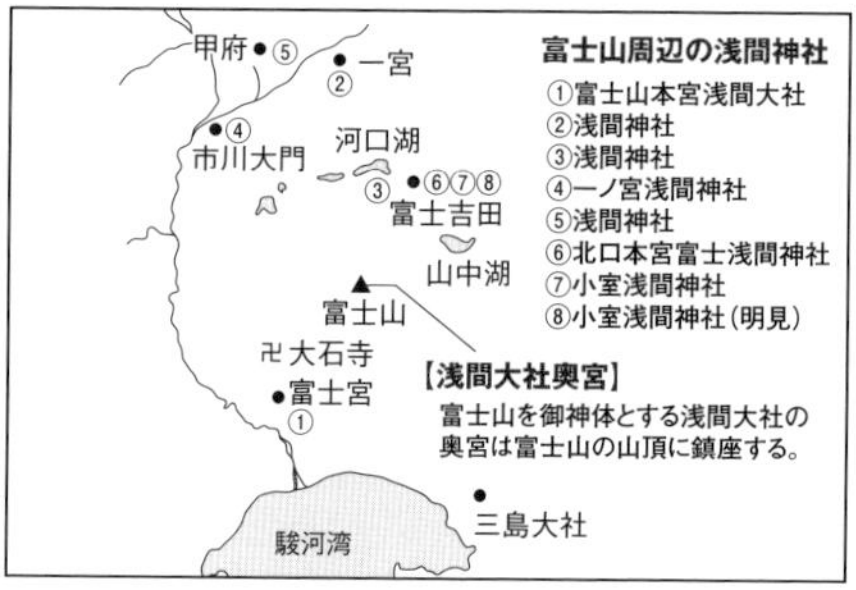

神社豆知識

●義父となった山海の神

大山津見神は、伊邪那岐命《いざなきのみこと》・伊邪那美命《いざなみのみこと》の神生みで出現していて、海を司る大綿津見神《おおわたつみのかみ》と一対をなす国つ神だ。瓊瓊芸命とその子・火遠理命がそれぞれ山の神の娘、海の神の娘を娶ることで、天皇家が山海の力を得ることに大きな役割を果たしている。

鉱山を守護する神として愛媛県の大山祇神社から全国に勧請されたように、山との関わりは深い。

ところが『伊予《いよ》国風土記』逸文には「大山積の神」の名で登場し、百済《くだら》からの渡来人だと記されている。別名を和多志大神というとも書かれていて、「渡し」に通ずるからか航海守護の神として崇拝されている。

一方、火遠理命の妻となった豊玉毘売《とよたまびめ》の父が海の神・大綿津見神である。火遠理命に呪詛《じゅそ》の言葉と塩盈珠《しおみつたま》・塩乾珠《しおふるたま》を授けたという逸話から、貧富を司る神でもあったという。しかし、この神を祀る神社はあまり見られない。

第2章

鵜《う》戸《ど》神《じん》宮《ぐう》

―母神の想いを岩に宿す洞窟の社―

日向灘の断崖に位置する
神武天皇の父神の生誕地

◆**祭神**
日子波瀲武鸕鷀草葺不合尊ほか

◆**アクセス**（宮崎県日南市）
JR宮崎駅、宮崎空港からバス「鵜戸神宮入口」下車徒歩20分

宮崎県日南市にある鵜戸神宮は、鵜葺草葺不合命《うがやふきあえずのみこと》を祀る。この神は、のちに神武《じんむ》天皇となる神倭伊波礼毗古命《かむやまといわれびこのみこと》の父神で、天孫邇邇芸命《ににぎのみこと》の孫にあたる。

邇邇芸命と木花之佐久夜毘売《このはなのさくやびめ》の間に生まれた火遠理《ほおり》は、ある時、兄から借りた釣り針をなくし、海神宮を訪ねる。そして、海神・大綿津見神《おおわたつみのかみ》の娘・豊玉毗《とよたまび》売《め》と結ばれ、また、海神の力を得て兄を屈服させた。この豊玉毗売と火遠理命の間に生まれたのが鵜葺草葺不合命である。

この名は、豊玉毗売が出産を前に、鵜の羽根で葺いた産室を準備するのだが、葺き終えないうちに出産してしまったというところからの名だ。鵜戸神宮の本殿は、その産室だったと伝わる洞窟の中に鎮座している。

だが、豊玉毗売は火遠理命に八尋ワニとなった出産中の姿を見られたことを恥じ、海へと帰ってしまう。その際、わが子を不憫に思い、乳房を残していった。鵜葺草葺不合命はこの乳房から垂れる乳で育ったといわれ、この乳はお乳岩として鵜戸神宮本殿裏に伝わっている。断崖絶壁という立地条件ながら、母親の優しさを感じさせる社である。

◎九州の日向三代神話

①霧島高千穂峰　山頂には邇邇芸命が突き立てたといわれる天逆鉾がある。
②宮崎県高千穂町　二上山が天孫降臨の地とされ、町内には高千穂神社など、伝説にまつわる史跡が数多く伝わる。
③笠沙の岬伝承地　邇邇芸命が木花之佐久夜毗売と出会った地とも、高千穂より肥沃な地を求めて船出した地ともいわれる。
④西都原古墳群　邇邇芸命、木花之佐久夜毗売、大山津見神の陵墓が伝わる。
⑤鹿児島神宮　火遠理命が580年間営んだ高千穂宮の跡だとされる。
⑥青島神社　海神宮から戻った火遠理命が住んだ場所といわれる。
⑦鵜戸神宮　鵜葺草葺不合命の生誕地といわれ、お乳岩や霊石亀石など鵜葺草葺不合命誕生にまつわる遺物が伝わる。

鬼の洗濯板に囲まれた青島は火遠理命の上陸地といわれる。

橿《かし》原《はら》神《じん》宮《ぐう》

―日本建国を記念する明治の社―

熊野と大和に伝わる神武東征を記念した社殿群

◆**祭神**

神武天皇・媛蹈韛五十鈴媛皇后

◆**アクセス**（奈良県橿原市）

近鉄橿原神宮駅前より徒歩10分

東を目指して日向を旅立つ伊波礼毘古

鵜葺草葺不合命《うがやふきあえず》は、豊玉毘売《とよたまびめ》の妹玉依毘売《たまよりびめ》と結ばれ、四人の子をなす。その末っ子が、神倭《かむやまと》伊波礼毘古命《いわれびこ》だ。

日本平定を思い立った伊波礼毘古は、日向から東を目指して旅に出る。長兄の五瀬《いつせ》が同行したこの旅は、九州から海路中心で大和までを進んでいる。記紀には途中あちこちに一年、七年、八年などと滞在期間が記され、その地方を平定していった経過を想像させる。

やがて一行は現在の大阪湾岸にあたる白肩津《しらかたのつ》に上陸したが、土豪登美能那賀須泥毘古《とみのながすねびこ》の襲撃を受け、兄五瀬が負傷してしまう。それは太陽神・天照大御神《あまてらすおおみかみ》の子孫が、日の出る方角に向かって進むからよくないということになり、日を背にした西からの迂回路を取る。

大和での即位で政権樹立

迂回路は、海路で紀伊半島東の熊野に上陸する経路だった。ここから吉野を経て大和へ至る

⑤橿原神宮

伊波礼毘古即位の地に建つ神社。背後には麓に神武天皇陵を持つ畝傍山がそびえる。

④八咫烏《やたからす》神社

伊波礼毘古一行を導いた八咫烏を祀る神社。祭神は八咫烏に化身したといわれる建角身命《たけつぬみ》。

◎神武東征の経路と神社

①駒宮神社
伊波礼毗古（神武天皇）が滞在した場所。

⑥磐船神社
天孫を追って邇芸速日命《にぎはやひ》が天降ったとされる地に建つ神社で、邇芸速日が乗っていた天磐船を御神体とする。

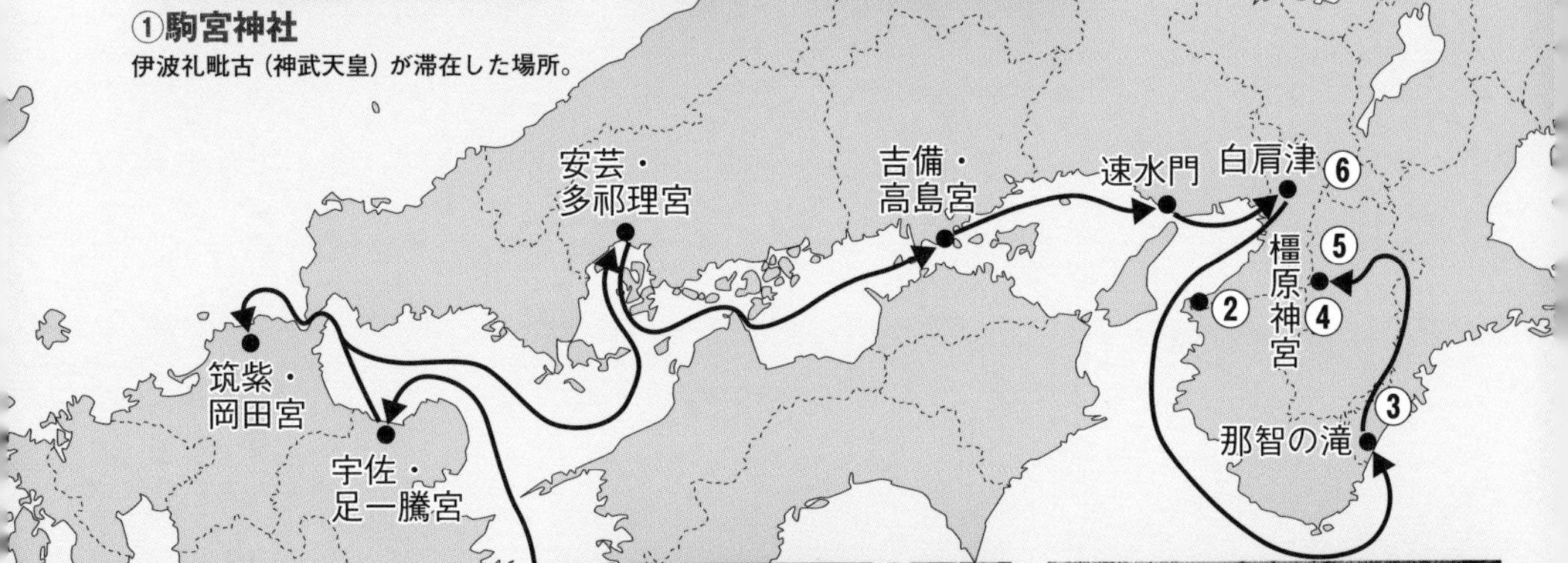

②男神社
負傷した五瀬命が悔しさのあまり雄叫びしつつなくなった地。亡骸を葬った地には竈山神社が建つ。

③神倉神社
神剣をもって伊波礼毗古を助けた高倉下《たかくらじ》を祀る神社。

道程と、土地の支配者たちとの戦いで、案内・先導・偵察などの役を担ったのが、天から遣わされた八咫烏《やたがらす》だ。伊波礼毗古の即位物語の立役者ともいうべき存在である。

かくして伊波礼毗古は大和を征服すると、畝火《うねび》の白檮原《かしはら》に至って宮を建て、神武《じんむ》天皇として即位した。

この宮があったとされる場所に、一八九〇（明治二三）年に創建されたのが橿原神宮だ。新時代の王政復古の象徴として建てられたもので、本殿として一八五五（安政二）年に造営した京都御所を移築したのを見ても、当時の天皇を中心とした政治への思い入れがうかがえる。

この橿原神宮のほかにも、神武東征神話にゆかりの神社は各地にある。たとえば出発のとき航海安全と戦勝祈願をしたといわれるのが立磐《たていわ》神社（日向市）。大阪湾上陸後も、石切劔箭《いしきりつるぎや》神社（東大阪市）、神倉《かみくら》神社（新宮市）などが神武天皇ゆかりの神社と伝わる。

熱《あつ》田《た》神《じん》宮《ぐう》

——オロチの尾から出でし剣を祀る社——

尾張最大の神社は
流転の歴史を持つ剣を御神体として祀る

◆祭神

熱田大神

◆アクセス（愛知県名古屋市）

名鉄神宮駅前より徒歩３分

九州の熊襲退治で倭建命が誕生

『古事記』『日本書紀』では、神武《じんむ》天皇誕生以後も歴代天皇が地方へ勢力を広げていく過程が描かれている。そのなかで大活躍を見せているのが倭建命《やまとたけるのみこと》だ。『古事記』と『日本書紀』では、細部に違いはあるが、倭建命は九州征伐と東国平定に成功した英雄として描かれている。

倭建命は第一二代景行《けいこう》天皇の皇子で小碓《おうす》と呼ばれていたが、ある日、ふとしたことから兄を殺害。その力を恐れた父帝から九州の熊襲《くまそ》征伐を命じられる。小碓は、前もって叔母の倭姫《やまとひめ》に借りておいた裳で女装して宴席に入り込み、熊襲《くまそ》建《たける》兄弟を討つ。そのとき熊襲建は、小碓の力を認めて「倭建命」の名を贈った。

ここに、古代の英雄・倭建命が誕生する。

倭建命はその後、出雲を平定し大和へと帰還している。

皇位を継ぐことなく戦いに散らした命

熊襲征討に成功した皇子に、父帝は再び東国遠征を命じた。再び伊勢にいる倭姫を訪ねた倭建命は、父に疎《うと》まれた苦しい胸の内を打ち明ける。不憫に思った倭姫は、秘蔵の剣と、困ったときに開けるようにと小袋を渡す。これが、東国で敵に襲われた倭建命を救うことになる。

草原を燃やす火に囲まれたとき、剣で草を払い、袋の中に入っていた火打ち石で逆に向かい火を放って脱出したのだ。以来、この剣は草薙剣《くさなぎのつるぎ》と呼ばれることになった。

この草薙剣を御神体《ごしんたい》に祀っているのが熱田神宮で、相殿には倭建命も祀られている。

熱田に神社が創建されたのは、尾張《おわり》の国造の娘・美夜受比売《みやづひめ》を妻にしていた倭建命が、剣を預けて出陣し、そのまま病没したからだ。残された妻が、叔母から授けられた神剣と知って聖地の熱田を選んで祀ったのである。

この剣、じつは須佐之男命《すさのおのみこと》がヤマタノオロチ退治をしたとき、オロチの尾から出てきたもの。天照大御神《あまてらすおおみかみ》に献上されていたところ、邇邇芸《ににぎ》が降臨の際に鏡、勾玉《まがたま》とともに三種《さんしゅ》の神器《じんぎ》として与えられた天叢雲剣《あめのむらくものつるぎ》だという。

これを倭姫が伊勢神宮で預かっていて甥の苦難を救おうと貸したというわけだ。

草薙剣が歩んだ流転の歴史

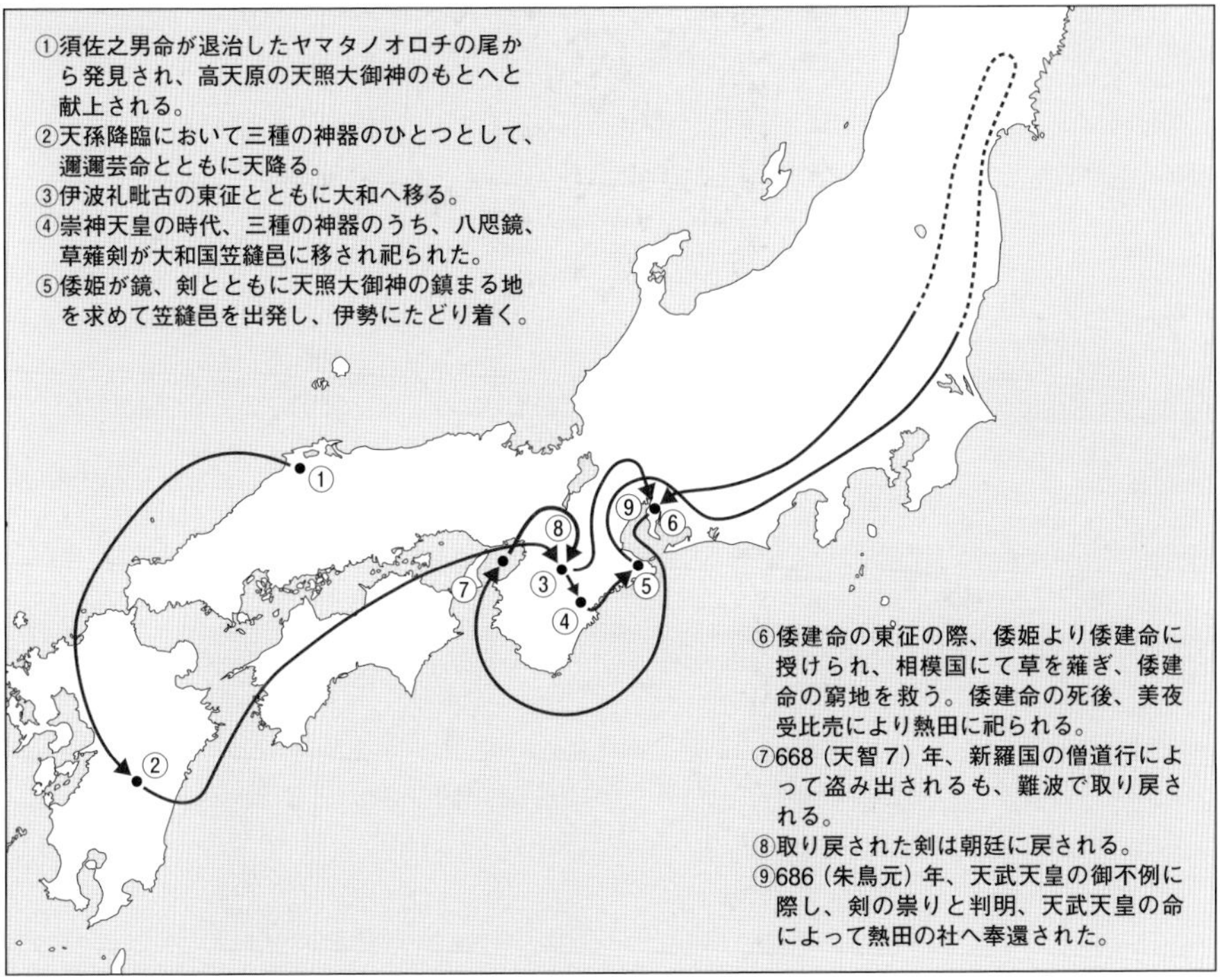

熱田神宮の御神体「草薙剣」は神宮に鎮座するまでに流転の歴史を経ている。

吉備津神社

崇神天皇の時代、吉備地方を平定した大和朝廷の将軍・吉備津彦を祀る。倭建命の物語はこうした将軍たちの遠征伝説がまとめられて生まれたのかもしれない。

神社豆知識

●吉備津神社と吉備津彦神社

『日本書紀』によると、吉備津彦《きびつひこ》は第10代崇神《すじん》天皇の世に、地方へ派遣された四道《しどう》将軍のひとりで、温羅《うら》という鬼を退治した伝説を持ち、桃太郎のモデルともなったといわれる。

まだ大和政権が地方支配を完全にしていなかった時代、西道将軍として吉備の地に下って平定、徳政を行なった。それを称えて神に祀った社が岡山市に鎮座する吉備津神社と吉備津彦神社である。

また、吉備津神社には鳴釜神事という占いの神事がある。

お米を用いて釜の鳴る音で吉凶を占うもので、古代から受け継がれてきたものだという。

父の命を受けてまつろわぬ人々の平定に出、東奔西走するなかで命を落とした悲劇の皇子・倭建命。その生涯に印した足跡を訪ねる。

腰掛神社
(神奈川県茅ヶ崎市)

東征の際、倭建が当地で大きな石に腰掛け、大山を眺めて休憩したという。その石が現在の本殿脇、腰掛玉石として伝わっている。

酒折宮跡
(山梨県甲府市)

東国の蝦夷を征伐しての帰途、倭建命が「新治、筑波を過ぎて、幾夜か寝つる」と歌ったのに対し、そばにいた御火焼の翁が「かがなべて、夜には九夜、日には十日を」と歌いあげた。倭建命はこれを褒めて東の国造の位をさずけたという。

地図で読み解く神社 三

【ヤマトタケル伝承】—日本神話の英雄の残照—

一

纏向日代宮跡（奈良県桜井市）

倭建の父・景行天皇が宮を構えた地。山辺の道沿いに石碑が残されている。

六

伊吹山（滋賀県米原市）

倭建を死に至らしめた荒ぶる神が住んだ山。

七

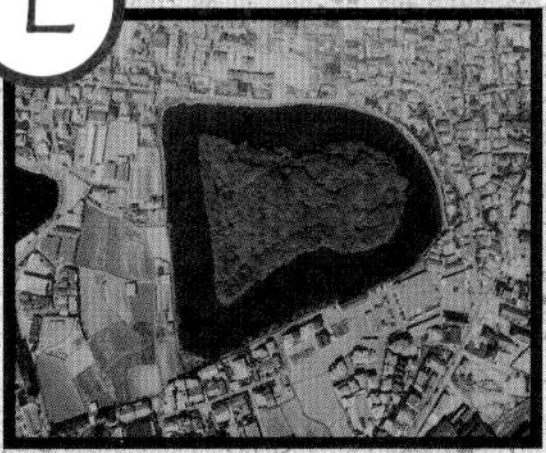

白鳥陵（大阪府羽曳野市）

倭建の陵墓に比定された大阪府羽曳野市の前方後円墳。白鳥となった倭建が最後に留まった場所といわれる。

五

三峰神社（埼玉県秩父市）

東征の帰路、日本武尊（倭建命）が伊邪那岐命・伊邪那美命を祀った神社。

二

倭姫宮（三重県伊勢市）

斎宮《いつきのみや》として天照大御神を祀っていた倭建の叔母倭姫を祀る、伊勢神宮の社。

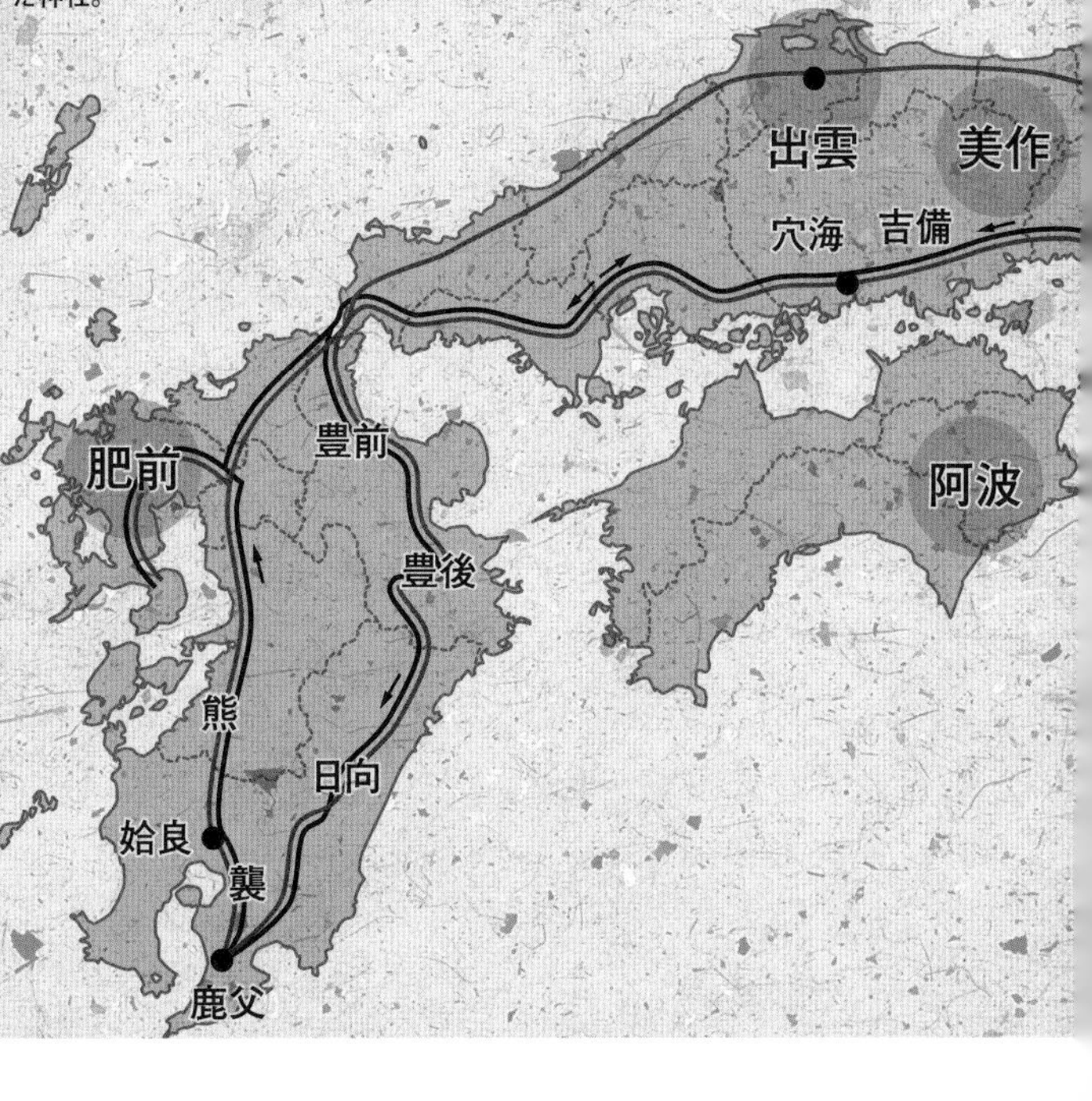

住吉大社《すみよしたいしゃ》

―皇后の航海を見守った筒之男三神―

大阪に鎮座する、神功皇后の
新羅遠征を助けた航海の神々

◆祭神
底筒男命・中筒男命・表筒男命・神功皇后

◆アクセス（大阪市住吉区）
南海電鉄住吉大社駅より徒歩2分

住吉大社の祭神は底筒之男《そこつつのおの》命《みこと》・中筒之男命《なかつつのおのみこと》・表筒之男《うわつつのおの》命《みこと》の三柱と神功皇后《じんぐうこうごう》を合わせて四柱である。この奇妙な祭神の組み合わせは、神功皇后の新羅《しらぎ》遠征の物語から生まれた。

記紀によれば皇后は、夫である仲哀《ちゅうあい》天皇（倭建命《やまとたけるのみこと》の子）の筑紫《つくし》平定に同行したが、同地での天皇没後に神託を受けて朝鮮半島に出兵した。そのときの航海を守護したのが、海神である筒男命三神だった。

半島征圧に成功した皇后は、帰国して、仲哀天皇の子を産む。妊娠中に出征したという女丈夫の皇后だったわけだが、この皇子が天皇後継争いの危機にあることを知った航海の三神は、海路を利用して助力したという。

それを皇后が感謝し、再び神託によって墨江《すみのえ》の地で三神を祀ったのが住吉神社の始まりと伝えられる。今の住吉神社がある場所は、古くは海に面した地であり、墨江と呼ばれていたのだ。また皇后自身も、九州の香椎宮《かしいぐう》の祭神となった。

香椎宮はもともと仲哀天皇が遠征の折に仮宮を置いた地であり、本来は「橿日廟宮」と呼ばれていたようだ。

皇后の産んだ皇子は、後に応《おう》神《じん》天皇となるが、皇后の懐妊・出征・出産の伝説により、八幡神との習合が起こっている。

創建にまつわる豊富な逸話から、住吉大社はその後もいくつかの物語の舞台となった。『源氏物語』では明石の君に関連し、また『一寸法師』では子宝に恵まれない夫婦が住吉大社に詣で、子を授かっている。さらに、航海の安全を司る神であることから、遣隋使・遣唐使には宮司の津守氏が乗船し、船も住吉津から出発した。大陸との交流を見守り続けた神社である。

◎住吉大社の神殿配置

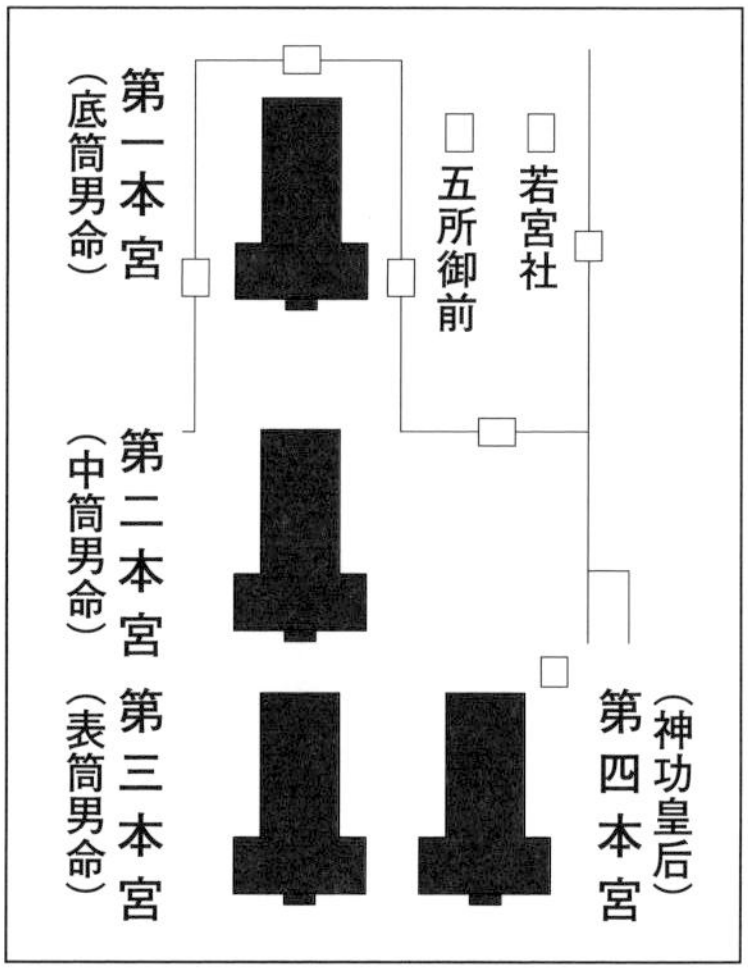

第2章

出石神社《いずしじんじゃ》

―渡来神天日槍命の社―

◆**祭神**

出石八前大神・天日槍命

◆**アクセス**（兵庫県豊岡市）

ＪＲ山陰本線豊岡駅・江原駅よりバス「鳥居」下車徒歩７分

◆◆◆

兵庫県豊岡市にある出石神社は、天日槍命《あめのひぼこのみこと》という新《しら》羅《ぎ》国の王子を祀る。

天日槍は新羅国のある沼で女性が太陽光を受けて産み落とした赤い玉から化身した美女を妻にする。だが、ささいなことで妻を罵倒《ばとう》すると、彼女は「生まれた国へ帰る」といって日本へ戻ってしまう。

天日槍は難波《なにわ》まで妻を追いかけるのだが、渡りの神に阻まれ、但馬《たじま》に上陸した。ここで土地の娘と結婚した王子は、新羅から持参した八つの宝を、この地に残したという。

これらは「出石八前大神《いずしのやまえのおおがみ》」として祀られている。

王子の系譜が神功皇后《じんぐうこうごう》につながると『古事記』だけが記しているが、彼女の新羅出征と連動して生まれた物語だろうという説がいわれている。

一方、難波に戻ったという妻も、比売許曾《ひめこそ》神社に阿久加流比《あくかるひ》売神《めのかみ》として祀られている。

日本の神社に祀られた祭神のうち、こうした外来の神は「蕃《ばん》神《しん》」と呼んで区別している。比売許曾神社のほかには、高句麗《こうくり》の王子を祀る埼玉県の高麗《こま》神社などが有名だ。仏教も、伝来当初は、この名で呼ばれていたことが、『日本書紀』の欽明《きんめい》天皇紀の記述でわかる。

第2章

石上神宮《いそのかみじんぐう》

―邪気を祓った神剣―

◆**祭神**

布都御魂大神・布留御魂大神・布都斯御魂大神

◆**アクセス**（奈良県天理市）

近鉄天理駅より徒歩20分

◆◆◆

奈良県天理市にある石上神宮の祭神は、「布都御魂大《ふつのみたまのおお》神《がみ》」という。ただし天《あま》つ神《かみ》でも国《くに》つ神《かみ》でもない神格化された剣が御神体《ごしんたい》。同じように草薙剣《くさなぎのつるぎ》を御神体とする社に熱田神宮《あつたじんぐう》があるが、草薙剣は天照大御神《あまてらすおおみかみ》の御《み》霊代《たましろ》なのに対し、石上神宮は剣そのものが神様なのだ。

それというのも、この剣がただの剣ではないからである。神《じん》武《む》東征神話のなかで、天照大御神が建御雷之男《たけみかずちのお》神を通じて降された剣なのだ。

しかもその剣により、大和制圧に苦戦して仮死状態にあった伊波礼毘古《いわれびこ》は蘇生していたのである。

その神剣を、即位後の神武天皇は宮中で奉祀させていた。奉祀を担当していた宇麻志麻遅《うましまぢ》命は、物部《もののべ》氏の祖先にあたり、崇《す》神《じん》天皇の世に剣が布都御魂大神として石上神社に鎮座されると、この神社が物部氏の氏神《うじがみ》となる。

古代豪族の代表格である物部氏は、軍事を司る一族だった。石上神宮には禁足地が設けられていて、ここが大和政権の武器庫として利用されていた可能性も指摘されている。

禁足地は、明治時代になって発掘調査が行なわれているが、埋葬されていた剣ひと振りが見つかっている。

こらむ

社の歳時記②

神々に対して豊穣と疫病除けを祈る
猛暑に向けた三か月

夏

春が過ぎ、次第に暖かく、さらに暑さを増していく季節。農耕に従事する人々は、田植えを始めることになる。

四月の八日には花祭りが行なわれる。「灌仏会《かんぶつえ》」「仏生会《ぶっしょうえ》」などとも呼ばれ、お釈迦さまの誕生日を祝う行事だ。

当然仏教に由来するものだが、じつはこの行事も神社とは無縁ではない。

花といえば桜だが、サは日本の古語で稲の霊を意味し、クラは「神の座」のこと。菅田正昭氏によれば桜を依代《よりしろ》として、山から神が降臨すると考えて、その年の稲の実りを占う花祭りが、日本古来の習俗として存在していたという。

神事としての花祭りは、稲田のある里山開きとして神社に欠かせない行事だったのである。

旧暦五月は、いうまでもなく「サツキ」の田植え神事の月だ。里山開きで山から降臨した神が、田の神となって田植えを加護する。人々は「御田祭」など開いて神を祀り、秋の実りを祈ったのである。

六月には、各地の神社で末日三十日に行なわれる夏越《なごし》の祓《はら》え神事が今も残っている。これは「茅《ち》の輪くぐり」で厄を落とすというものだが、落とす厄とは、疫病である。

旧暦六月はすでに夏で、ハエや蚊といった病気を媒介する虫も増えれば、物も腐りやすくなる。

そうした気候的な変動によってもたらされる疫病を除けるため、病への不安を除こうと神に祈った行事である。

卯月《うづき》

花祭りはお釈迦様の生誕を祝う行事だが、本来は稲の実りを祈る神事だったという。

皐月《さつき》

田植えの季節には、田の神を迎え、加護を願う「御田祭」などが行なわれる。

水無月《みなづき》

疫病除け、無病息災を願う「茅の輪くぐり」。

第3章

神社でわかる地方独自の神々

神社でわかる地方の神々

日本人の生活を絶えずさまざまな場所から見守る神々

神話には登場しない「民俗神」

あらゆるものに神が宿ると信じていた日本人は、日本神話に登場する国造りや天皇家ゆかりの神々以外にも多くの神々を信仰した。これらの神々は、産業や生活に直接関わっているのが特徴で、田の神、道祖神《どうそじん》、豊漁神、さらには疫病神までが、さまざまな分野でご利益を求められた。こうした民間信仰の対象となった神々を「民俗神」と呼ぶ。

民俗神は、精霊のように、目に見ることができない存在のため、山や川、巨岩などが祭祀《さいし》の対象となることが多かった。あるいは、聖なる空間として、ある特定の空間で祭祀が行なわれることもあった。

このような点が、神社に祀られ、像が置かれている神話の神々と大きく違うところである。

田の神から病気の神、七福神まで

農耕民族としての歴史を歩んできた日本人にとって、収穫の豊凶は極論すれば生死にかかわる最大の関心事であった。そのため、稲の豊作を祈願する「田の神」は、よく知られた民俗神となった。

各所で祀られるので、信仰方法はさまざまだが、基本は、祭りで神を迎えてもてなして豊作を祈願するというもの。これが終わると、田の神を送り返すのである。

田の神のほかにも水田に水をもたらす分水の神も篤い信仰を集めていた。

また、祖霊《それい》信仰も深く民衆の間に根付いていた。先祖を敬う習慣は、仏教の影響と思われがちだが、本来は日本独自のもの。あとから入ってきた仏教が日本人の習慣に合わせたのだ。

『常陸国風土記《ひたちのくにふどき》』には旅をする先祖の神が記されている。先祖の神から一夜の宿を請われた富士の神は、拒否したために、先祖の神から呪詛《じゅそ》されたという。

反対に、丁重にもてなした筑波《つくば》の神は、先祖の神から福を授けられたという。祖霊はもてなし方により、福神とも災いの神ともなるのだ。

よく道の辻に、石像や石碑が置かれているのを目にする。これは「道祖神」と呼ばれる神で、文字通り、道の神である。とくに、道と道とが交差する地点は、神が降り立つところとされて信仰の対象となった。

疫病を流行らせる「疫病神」も民俗神である。疫病神がいるために疫病が流行るという考え方から、注連縄《しめなわ》を張って疫病神を近付けなくさせたり、藁《わら》人形や船を疫病神の依代《よりしろ》にして川に流すことで、早々に退散してもらうことを願った。

すぐに疫病神が立ち去ってくれれば、病が流行ることもなく、また病に臥していた

◎集落とその周辺に祀られる神々

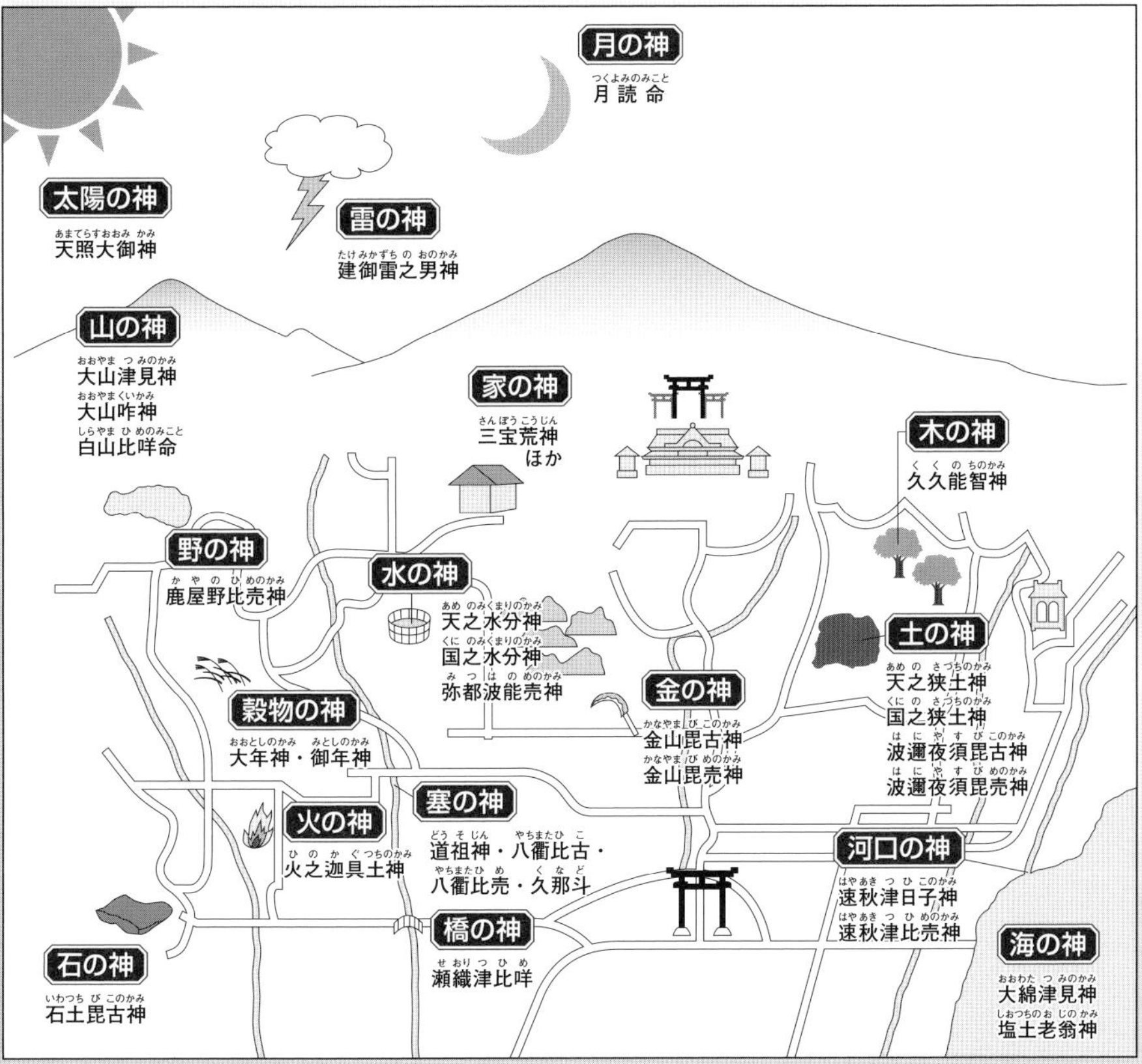

者もすぐに回復できると信じられていた。医療が発達していなかった昔は、このように疫病神を信仰することで、健康を維持しようとしたのである。

家の中にも神様は数多く存在する。屋外にいて、厄災が降りかからないように守護する「屋敷神」や、「便所神」「井戸神」「箒神《ほうき》」などである。

なかでも「竈《かまど》の神」は「荒神《こうじん》」とされ、各地に荒神社が立てられるほど人気が高い。こうした神々はそれぞれの明確な役割分担がある。屋内の神と屋外の神の両方が協力することで、その家の繁栄や家族の息災が実現できるのだ。

「産神《うぶがみ》」は、出産にまつわる神であるが、ひと口に産神といっても、その役目は細分化されている。たとえば、子授けの神、出産に立ち会い安産を守護する神、生まれた赤ん坊が健康に育つように加護する神、子どもや子孫の繁栄を見守る神などである。

室町時代以降、商人が増えてくると、人々は裕福な暮らしを望むようになった。そのために登場したのが「七福神」に代表されるような〝福の神〟である。現世の幸福やご利益に直接結びつき、現代でも人気のある神だ。福の神の対極に「貧乏神」があったが、人々はこちらも祀ることで貧しさを転じて福を求めたのだった。

高千穂神社《たかちほじんじゃ》

―高千穂八十八社の総鎮守―
神話の郷の総社には神武天皇の兄による鬼退治伝説が伝わる

◆**祭神**
天津彦火瓊瓊杵命・木花開耶姫命ほか

◆**アクセス**（宮崎県高千穂町）
JR日豊本線延岡駅より宮崎交通バス「高千穂バスセンター駅」下車、徒歩15分

宮崎県の高千穂神社は、高千穂十八郷八十八社の総社《そうじゃ》で、社伝によると、垂仁《すいにん》天皇時代の創建とされる。境内には、鎌倉幕府の御家人・畠山重忠《はたけやましげただ》手植えの樹齢約八〇〇年の秩父杉や、頼朝寄進と伝わる国の重要文化財・鉄造狛犬一対が見られる。

高千穂は、天孫降臨《てんそんこうりん》伝説の地でもある。『日向国風土記《ひむかのくにふどき》』逸《いつ》文《ぶん》には、日向国臼杵郡《うすきのこおり》の知鋪郷《ちほのごう》の二上《ふたがみ》の峰に天津彦彦火瓊瓊杵《あまつひこひこほのににぎの》尊《みこと》が降り立ったと記されている。

のちに瓊瓊杵尊の子孫・神武《じんむ》天皇が三人の兄とともに東征に赴き、大和朝廷を立てるのだが、その途中三人の兄たちは命を落としている。だが、この高千穂神社ではそのうちのひとり三毛《みけ》入野命《いりのみこと》が高千穂に戻ってきたと伝える。神社の祭神の一柱・三毛入野命は東征後高千穂に戻り、悪行を繰り返していた鬼の鬼八《きはち》を成敗したというのだ。鬼八は三毛入野命に体を斬り刻まれたといわれ、以後蘇ることがないよう、また祟りを防ぐために、高千穂の人々は鬼八塚を作り、旧暦の一二月三日には「猪掛け祭り」で鬼八を慰霊している。

◎高千穂の伝説地図

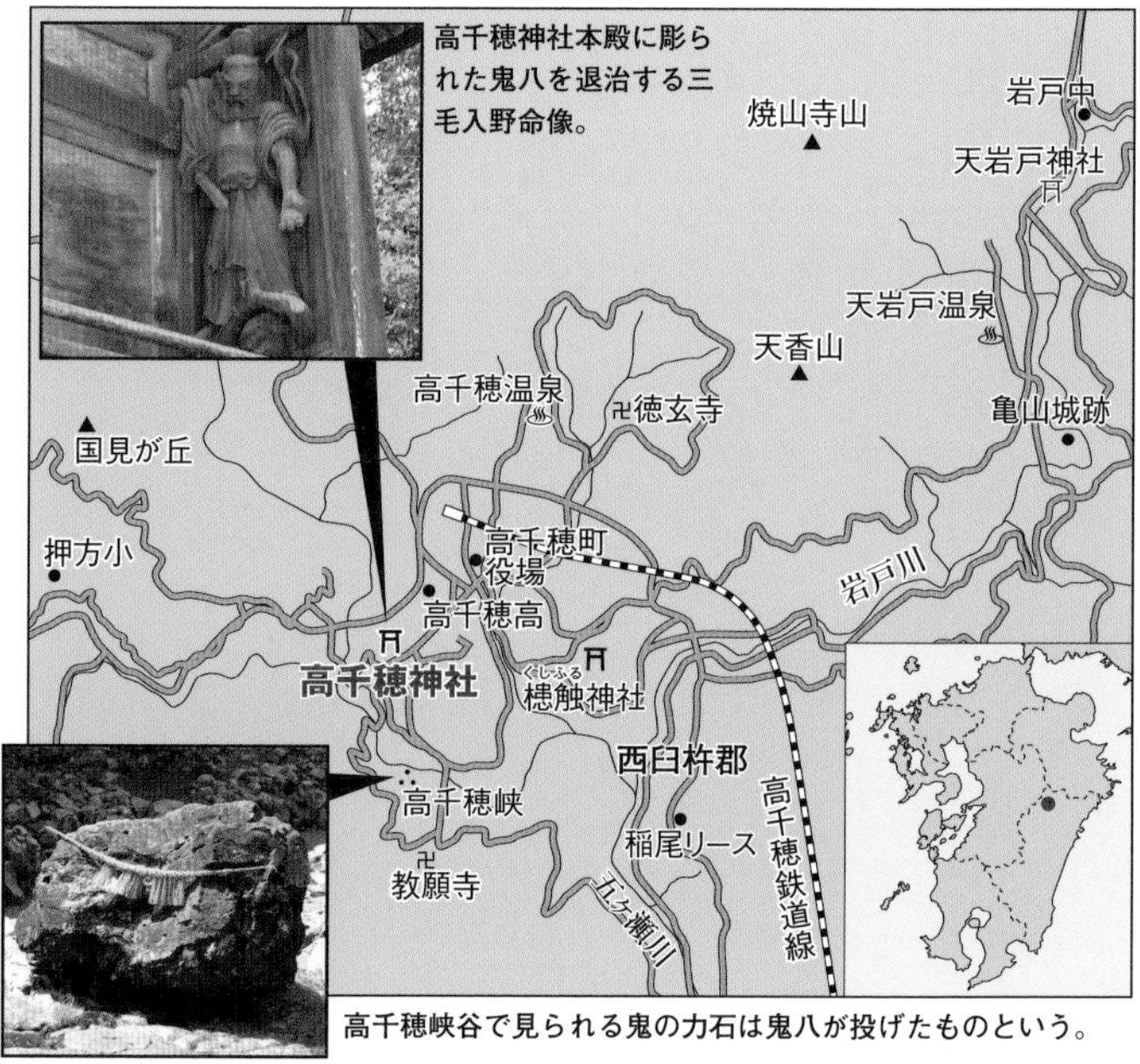

高千穂神社本殿に彫られた鬼八を退治する三毛入野命像。

高千穂峡谷で見られる鬼の力石は鬼八が投げたものという。

賀茂別雷神社《かもわけいかづちじんじゃ》 賀茂御祖神社《かものみおやじんじゃ》

―賀茂氏の祖先神―

京北に鎮座するふたつの「賀茂」社の秘められた関係とは!?

◆祭神
賀茂別雷神社／賀茂別雷大神
賀茂御祖神社／玉依媛命・賀茂建角身命

◆アクセス（ともに京都市北区）
賀茂別雷神社／JR京都駅からバス「上賀茂神社前」下車
賀茂御祖神社／JR京都駅からバス「下鴨神社前」下車

京都の上賀茂《かみかも》神社は、正式には賀茂別雷神社といい、祭神は別雷神《わけいかずちのかみ》という雷神で、平安京の守り神とされた。別雷神の誕生は、『山城国風土記《やましろのくにふどき》』逸文《いつぶん》によると、玉依姫《たまよりひめ》が賀茂川を流れてきた丹塗矢《にぬりや》を拾い、部屋に置いたことで懐妊したという。上賀茂神社は、玉依姫の子孫・賀茂県主《かものあがたぬし》一族によって祀られてきた。

一方、下鴨《しもかも》神社の正式名称は賀茂御祖神社といい、祭神は別雷神の母である玉依姫と、その祖父である建角身命《たけつのみのみこと》である。

建角身命には意外な経歴がある。神武《じんむ》天皇が東征中、熊野で難渋した時、八咫烏《やたがらす》として遣わされ、道案内をしたというのだ。この功績により、建角身命は神武天皇より大和国の葛野県を賜ったと『山城国風土記』逸文や、『新撰姓氏録《しんせんしょうじろく》』などに記されている。

上賀茂神社と下鴨神社は祭神からもわかるように親子関係にあり、下鴨神社もまた賀茂氏が祀る神社である。五月十五日に行なわれる賀茂祭は、通称「葵《あおい》祭《まつり》」と呼ばれ、賑いをみせる。

◎古代の京都盆地と豪族

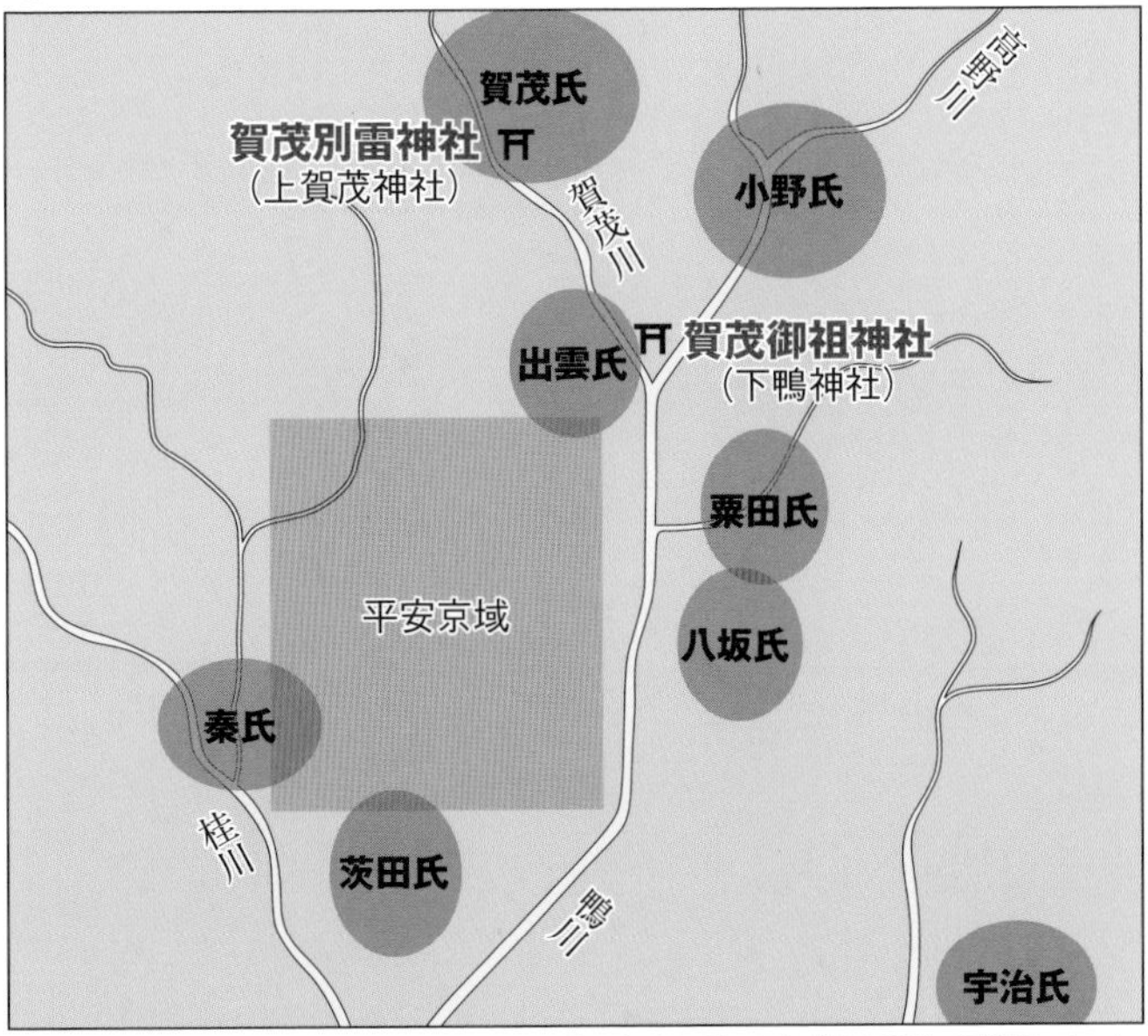

平安京建設前、京都盆地には賀茂氏、出雲氏、秦氏など、さまざまな豪族が割拠していた。

伊和神社《いわじんじゃ》

―個性なき播磨の大神―

北面する社殿が伝える忘れ去られた祭神の記憶

◆祭神
大己貴神（伊和大神）・少彦名神・下照姫神

◆アクセス（兵庫県宍粟市）
JR姫路駅からバス山崎行を終点下車、乗り換えて曲里・戸倉行乗車「一宮」下車

播磨国《はりまのくに》一宮とされる伊和神社の祭神は、大己貴神《おおなむぢのかみ》であるが、伊和大神とも呼ばれ、かつては大きな勢力を誇っていた。

この神は『播磨国風土記《はりまのくにふどき》』にしか登場しないため、全国的にはその名は知られていないが、播磨国各地を巡幸する神で、多くの妻神や子神を持つ。

伊和神社の創建は、社伝によると、成務《せいむ》天皇の御世、あるいは五六四（欽明《きんめい》二五）年とされるが、記録は残っていない。創建の際、白い鶴が二羽、北を向いて眠っていたので、それにちなみ社殿を北向きに建てたという。通常、社殿は南面、あるいは東面させて建てるものなので、特異な例といえる。

勢力の強い大神であった伊和大神について、国造りの神であること以外、逸話があまりないのは、進出先の勢力に容認されるために出雲《いずも》の大国主神《おおくにぬしのかみ》や、大和の大物主神《おおものぬしのかみ》などといった全国規模で信仰される神々と習合し、名前も性格も変えたからといわれている。自身の名を広めることができず、没個性の神となってしまったのである。

◎『播磨国風土記』に見られる伊和大神の国占め伝説

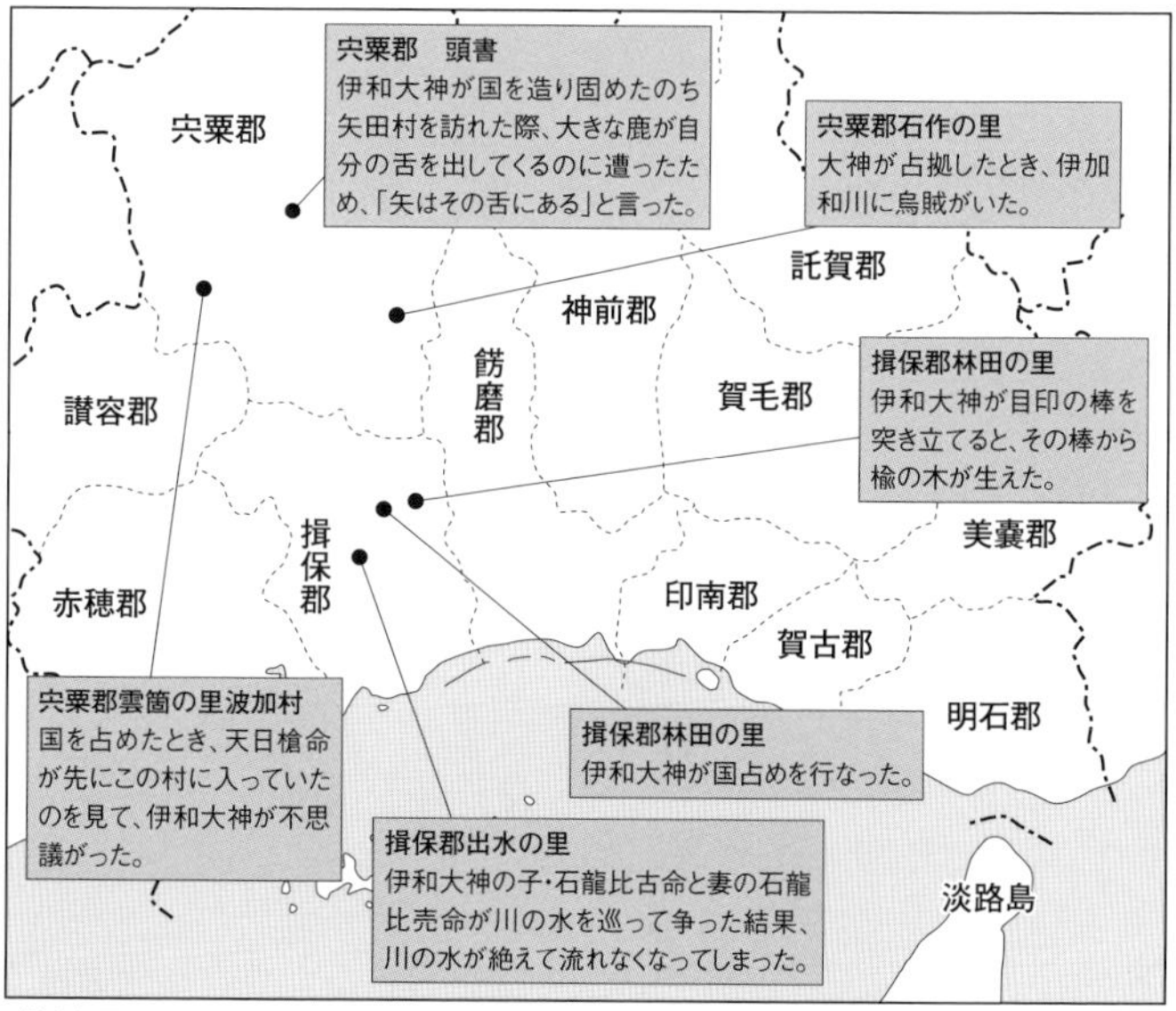

『播磨国風土記』に登場する伊和大神は、各地で国占めの争いを繰り広げる。これらの記述は、「風土記」成立前の播磨の状況を反映したものとする説もある。

鹽竈神社《しおがまじんじゃ》

―東北に鎮まる道案内の老神―

天皇家の祖を導いた製塩の神と並び、なぜ関東の武神が祀られるのか？

◆祭神
鹽土老翁神・武甕槌神・経津主神

◆アクセス（宮城県塩釜市）
JR仙石線本塩釜駅より徒歩10分

宮城県の鹽竈神社は、三つの本殿を持っている。まず本殿は左宮と右宮とに分かれ、左宮には武甕槌神《たけみかづちのかみ》、右宮には経津《ふつ》主神《ぬしのかみ》を祀る。この二柱の神は、平泉《ひらいずみ》に勢力を張った奥州藤原氏《おうしゅうふじわらし》が、自身の氏神《うじがみ》であり、かつ武神であった武甕槌神、経津主神を勧請《かんじょう》したために、二神が本宮に祀られることになったものである。

この神社は漁業の神としても崇められているが、かつて鹿島から金華山《きんかざん》にかけての海域は漁業が盛んで、武甕槌神や経津主神を祀る常陸《ひたち》や下総《しもうさ》との間に交流があったことを示している。

また、「遠の朝廷」と呼ばれた陸奥《むつ》国に武神を祀ることで、京にとっての鬼門《きもん》鎮護の役を担っていたといわれている。

本殿にはもうひとつ別宮があって、本来の祭神はこちらに祀られる塩土老翁神《しおつちのおじのかみ》だといわれる。

塩土老翁神は『古事記』に登場する古い神で、海岸での塩造りや航海の道案内をする海の神だった。火遠理命《ほおりのみこと》が、兄から借りた釣り針をなくして困っていた時、釣り針を探す助けをした。また、神武《じんむ》東征の際にも現われて神武天皇を導いている。

◎鹽竈神社の境内図

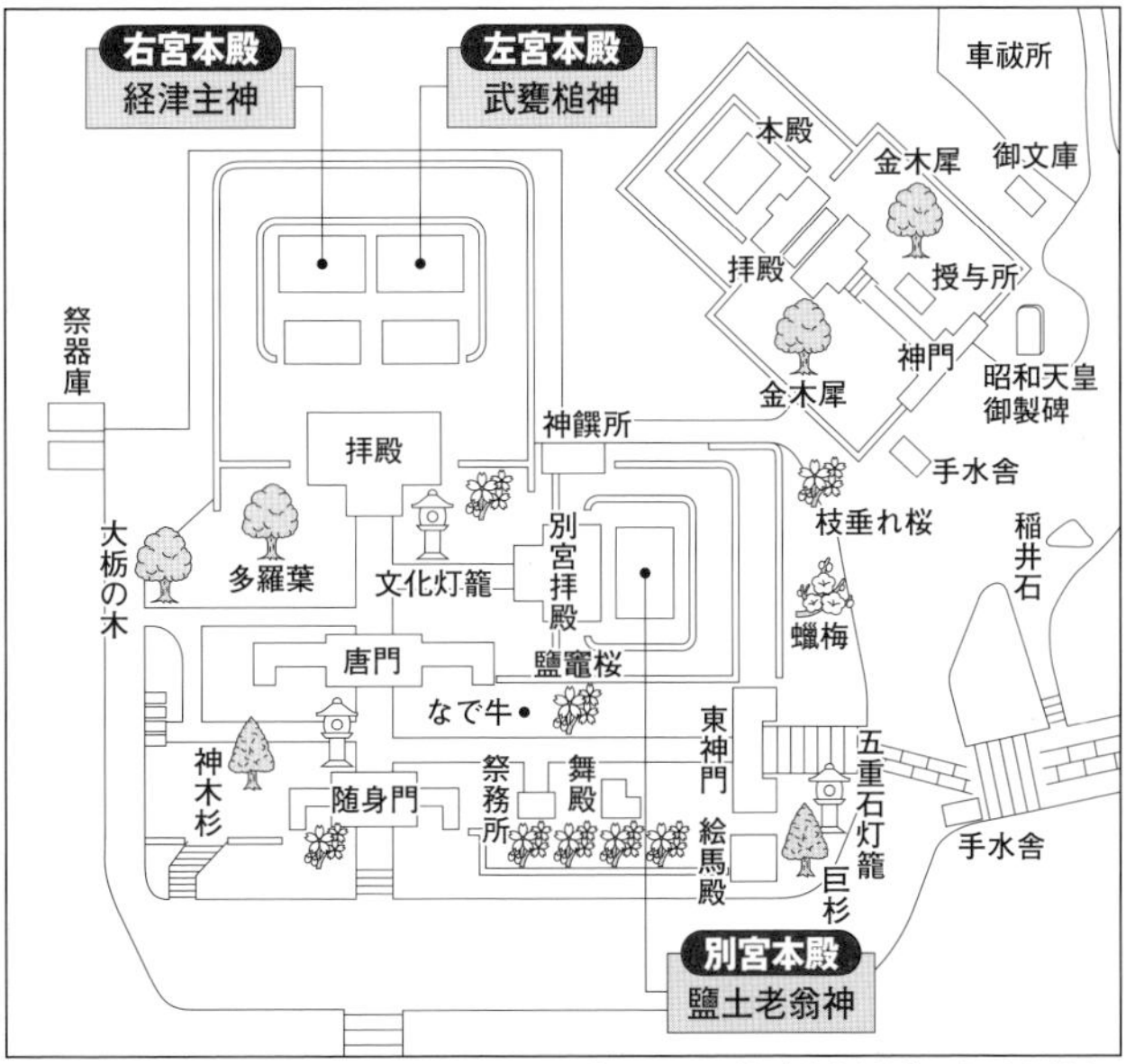

鹽竈神社では塩（鹽）土老翁神とともに、建御雷之男神（武甕槌神）、経津主神も祀られている。

貴船神社《きぶねじんじゃ》

―願いをかなえる貴船の神―

神の乗船が「停泊」した鴨川の水源地に鎮座する水の神の社

◆祭神
高龗神

◆アクセス（京都市左京区）
叡山電鉄鞍馬線貴船口駅より徒歩25分

京都・鴨川《かもがわ》の水源地に鎮座する貴船神社は、鞍馬《くらま》一帯の地主神であり、古くから水の神、雨の神として崇められてきた。伝説によると、浪花津《なにわのつ》に船に乗った女神が現われ、「私は玉依姫《たまよりびめ》だが、この船が止まった所に社を建て、そこの地主神を祀れば福運を与えましょう」と告げたという。

そうして、その船は鴨川を遡り、水源地で留まった。

玉依姫が乗っていた船の色が黄色だったことにちなみ、神社名を「貴船」にしたともいう。

この船は船形石《ふながたいし》として現在も残っている。また、本宮より上流へ五〇〇メートルほど遡った所には奥宮《おくみや》が建てられている。

貴船神社は、日照りや豪雨が続くと、天皇の遣いが祈念にやってくるほど、ご利益のある神社とされていた。

また、縁結び、航海安全、心願成就などの霊験があるとされ、和泉式部《いずみしきぶ》が夫と復縁できたという話は有名である。そのほか、宇治《うじ》の橋姫の丑《うし》の刻参《こくまい》りなどといった、同社にまつわる逸話は数多い。

船形石
玉依姫が乗船してきた船の痕跡といわれる。

神社豆知識

●丑の刻参り

貴船神社の奥宮は、丑の刻参りでも有名だ。丑の刻（午前一時から三時ごろ）に、藁《わら》人形を憎い相手に見立てて、境内の神木などに五寸釘で打ち込む呪詛《じゅそ》である。丑の刻参りは七日間続けなくては効力がなく、呪詛の際には白か赤の着物を着て、頭に三本のろうそくをつけ、口には櫛をくわえなければならなかった。また、現場を人に見られると、呪いが自分にふりかかるとされた。

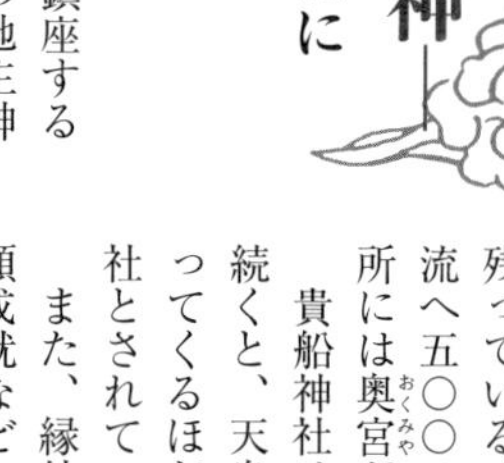

◎貴船神社周辺地図
貴船神社は鴨川の水源付近に鎮座し、一帯の地主神といわれる。

第3章

白《しら》山《やま》比《ひ》咩《め》神《じん》社《じゃ》

修験道の聖地へと発展した、仲裁の女神を祀る名山

—山に宿りし女神—

◆祭神
白山比咩大神（白山比咩神）・伊弉諾尊・伊弉冉尊

◆アクセス（石川県白山市）
北陸鉄道加賀一宮駅より徒歩10分

石川県の白山比咩神社は、日本三名山のひとつ白山を御神体《ごしんたい》としており、全国に三〇〇〇社余存在する白山《はくさん》神社の総本社である。

祭神は、白山比咩神で、菊理《きくり》姫《ひめ》ともいわれている。菊理姫は『日本書紀』によると、黄泉《よみ》国から戻る途中、伊《い》弉《ざ》諾尊《なきのみこと》と伊《い》弉《ざ》冉尊《なみのみこと》が泉平坂《よもつひらさか》で争いとなった時、二神の仲裁に現われたという。

そこから菊理姫を黄泉の大神である伊弉冉尊の巫女であるという見方をする人もいる。このような経緯から、白山比咩神社には、白山比咩神のほか、伊弉諾尊と伊弉冉尊も祭神として祀っている。

絹本著色白山三社神像

中央に描かれたのが菊理姫であり、左右には伊邪那岐命・伊邪那美命が描かれている。

神社豆知識

●朝鮮と白山信仰

白山比咩神社の見解ではないが、白山信仰は古代朝鮮との関わりが深いともいわれている。

古代朝鮮では、天主の子孫が地域内の聖山に鎮座して、そこから地域民の生死を司っていると考えられていた。そして、「生」とは、聖山から現世に出てくることであり、「死」とは、聖山へ帰することとされた。このような考え方の影響を受けて、かつて日本の白山では死装束を着て白い布を敷いた橋を渡ることで再生するという「布橋灌頂《ぬのばしかんじょう》」の儀式が行なわれ、信仰の中心に位置付けられていたという。

日吉大社《ひよしたいしゃ》

―比叡山を守る山の神―

比叡山とともに発展した山王権現の社は特異な社殿配置を持つ

◆祭神
大山咋神

◆アクセス（滋賀県大津市）
京阪石坂線坂本駅より徒歩10分

比《ひ》叡《えい》山《ざん》東麓に鎮座する日吉大社は、全国約三八〇〇余の日吉神社・日枝《ひえ》神社の総本社である。祭神の大山咋神《おおやまくいのかみ》は、元来は比叡山の地主神で、比叡山を神体山として仰ぐ。

その縁もあって日吉神社は、延暦寺《えんりゃくじ》とともに勢力を拡大していった。最澄《さいちょう》が比叡山に開いた天台宗《てんだいしゅう》は、山岳信仰と結びつき、さらには神仏習合《しんぶつしゅうごう》が行なわれて、日吉神社は山王権現《さんのうごんげん》と呼ばれるようになった。結果、日吉神社は延暦寺の護法神《ごほうしん》として広く信仰されるようになり、平安時代末期には、延暦寺の僧兵とともに神輿《みこし》を奉じて山を下り強訴《ごうそ》を行なうほどの力を有した。

◎日吉神社境内地図

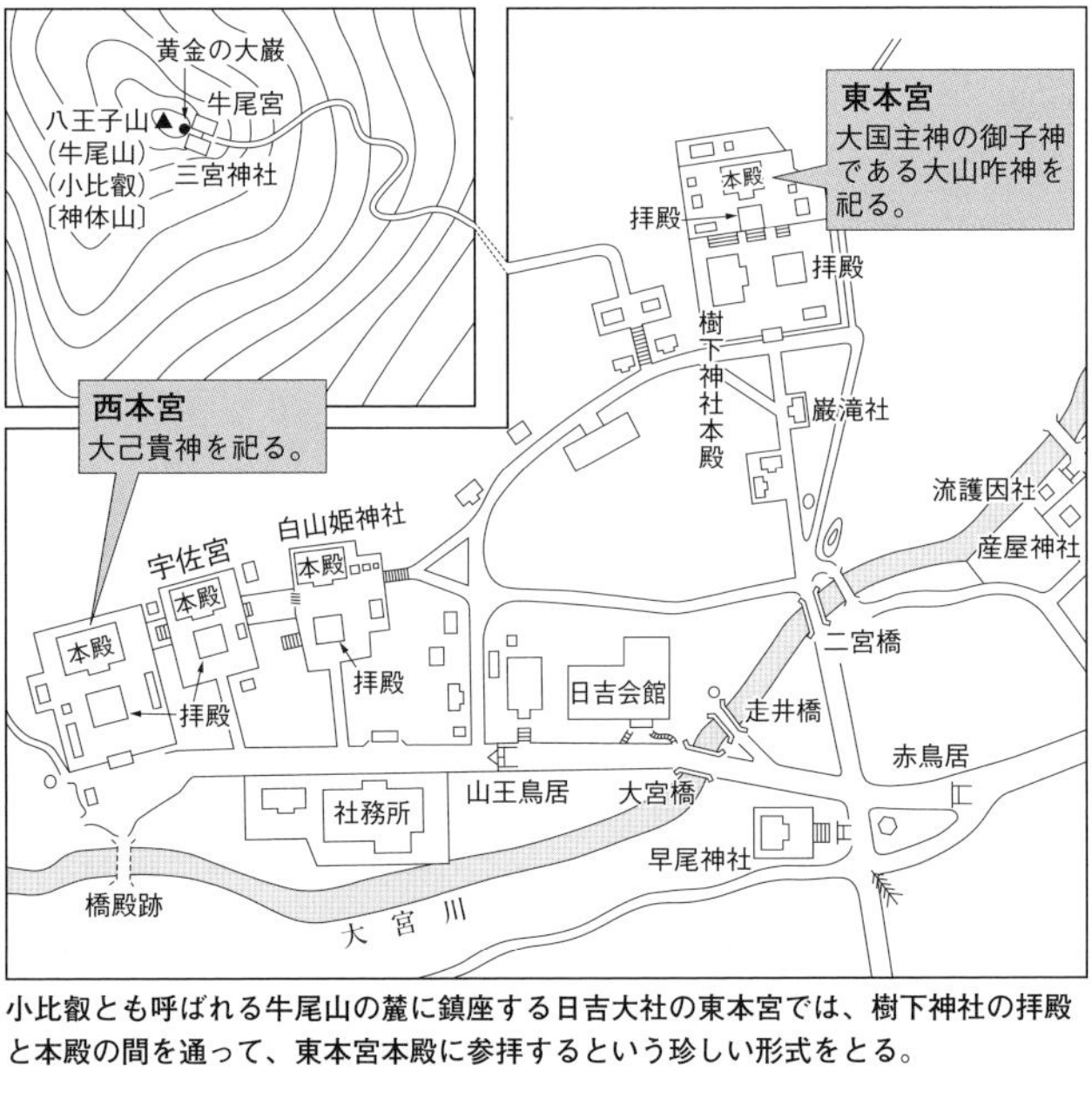

小比叡とも呼ばれる牛尾山の麓に鎮座する日吉大社の東本宮では、樹下神社の拝殿と本殿の間を通って、東本宮本殿に参拝するという珍しい形式をとる。

日吉大社は西本宮と東本宮に分かれるが、西本宮は六六七（天智六）年に大津宮の守りとすべく大己貴神《おおなむちのかみ》を迎えたもので、本来東本宮が創祀の地である。

東本宮の本殿・拝殿《はいでん》は南面しているのだが、そこに至る手前に東本宮の西側にそびえる牛尾《ぎゅうび》山《さん》のほうを向いた樹下《じゅか》神社の本殿・拝殿がある。そのため、日吉神社の東本宮に参拝するには、樹下神社の本殿と拝殿の間を通り抜けなくてはならないという珍しい配置になっている。

笠山荒神社《かさやまこうじんしゃ》

―家に祀られる神々―

不浄や災難を除く竈の神を祀る神社の総鎮守

◆**祭神**

土祖神・興津彦命・興津姫命

◆**アクセス**（奈良県桜井市）

JR桜井線桜井駅よりバス「笠荒神口」下車徒歩

神棚には氏神《うじがみ》、納戸《なんど》には納戸神、便所には便所神といったように、家の各所にまでそれぞれの神を祀るのは日本人の特徴である。そのような家に祀られる神々の代表格が荒神《こうじん》と呼ばれる「竈《かまど》」の神である。

荒神を祀る神社は各地に見られるが、奈良県の笠山荒神社は、竈の神の神社の元締めである。

荒神の本質は、荒ぶる火の神である。穢《けが》れや不浄を嫌い、それらをすべて焼き尽くして浄化するのだという。

そのため、荒ぶる神を丁重に祀ることで、穢れや不浄を除いてもらえるとされた。竈の神は、時代が進むにつれて、火の神、火伏せの神、竈の神である「三《さん》宝荒神《ぼうこうじん》」と同一視されるようになった。三宝荒神は、古来の荒ぶる神に、インドの夜叉《やしゃ》神などが習合《しゅうごう》して誕生したため、経典や記紀には登場しない。

その姿は、三つの顔と六本の腕で表され、正面の顔は怒りの形相をしている。台所に祀られ、正月・五月・九月・一二月に松の枝を供える。竈の神を祀るのは主婦の大切な役目とされた。

◎家の中の神々

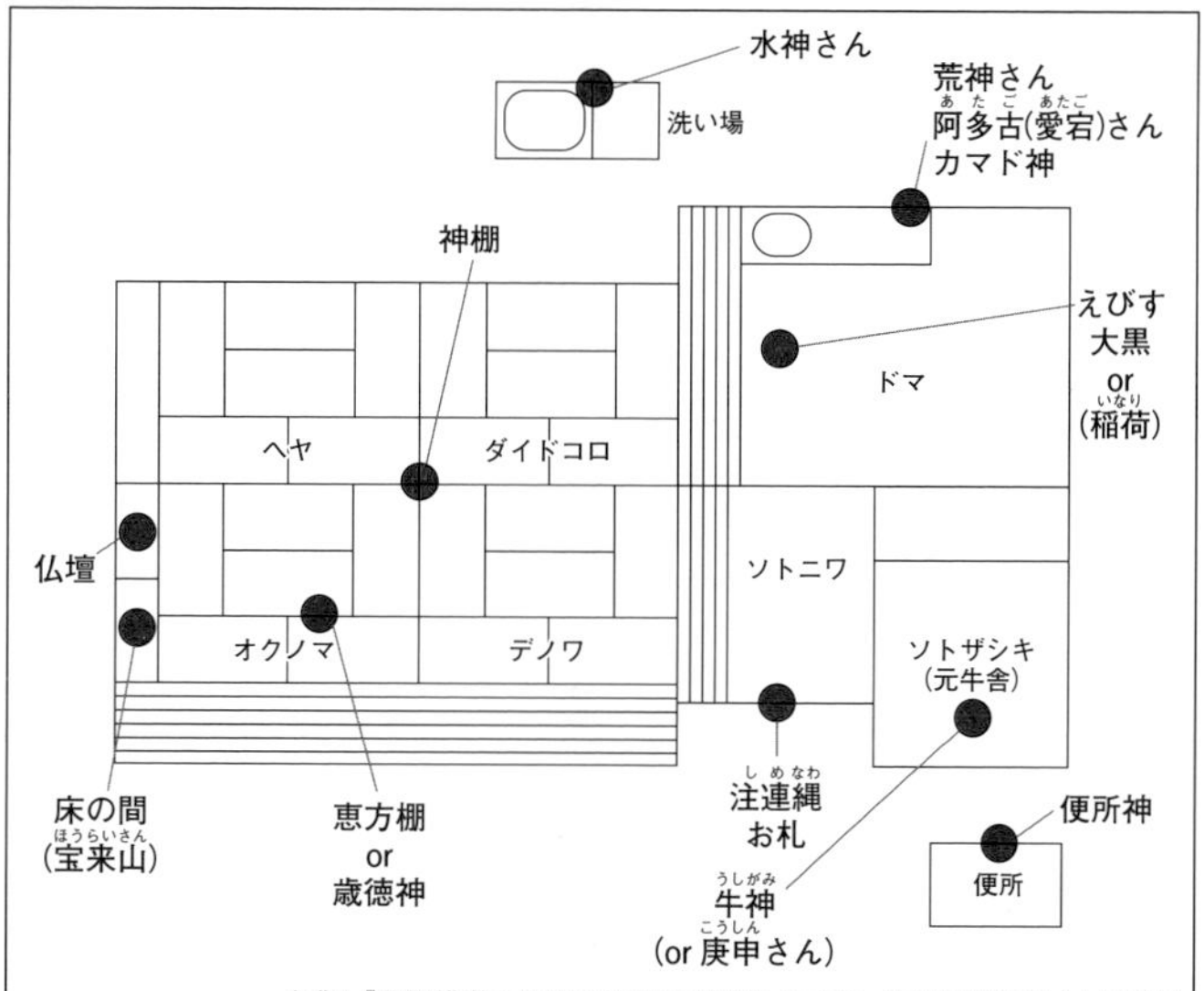

出典：『図解雑学こんなに面白い民俗学』八木透・政岡伸洋編著（ナツメ社）

日本の各家の中には神を祀る場所が数多く見受けられる。特に旧家へ行くとそれはより顕著となる。

日本では、一概に神様といっても八百万《やおよろず》と形容されるほどその数は多い。その性格も多種多様であり、それぞれが私たちに与えてくれるご利益は異なっている。

厄除け

鷲宮神社《わしみやじんじゃ》（埼玉県鷲宮町）

出雲族の草創に係る関東最古の大社とされ、中世以降には、関東の鎮護として、武将の崇敬を集めた。近年では、アニメ『らき☆すた』の舞台として描かれたことでアニメファンが参拝に訪れるようになり、本作を元に町おこしが行なわれた。

家内安全

出羽三山神社《でわさんざんじんじゃ》（山形県鶴岡市）

崇峻《すしゅん》天皇の御子・蜂子《はちこ》皇子が開山したと伝えられる山形県庄内地方にある月読命を祀る月山、伊氏波神・稲倉魂命を祀る羽黒山、大山祇神・大己貴命・少彦名命を祀る湯殿山の総称。修験道の聖地として知られ、今も修験者が集う。

金運

金華山黄金山神社《きんかさんこがねやまじんじゃ》（宮城県石巻市）

宮城県牡鹿半島の南東沖合に浮かぶ島山・金華山の島全体を神域とし、鉱山の神である金山毘古神・金山毘売神などを祀る。祭神は金銀財宝の守護神、漁農商海運施福の神として信仰を集め、３年続けてお参りすれば、一生お金に困らないと伝えられる。

勝利・成功

鶴岡八幡宮《つるがおかはちまんぐう》（神奈川県鎌倉市）

1063（康平６）年、源頼義《よりよし》が戦勝を祈願して石清水八幡宮を勧請したのことによって始まった日本三大八幡宮のひとつ。源頼朝が鎌倉に幕府を開くと、武家源氏（河内源氏）の氏神として栄える一方、源実朝暗殺など歴史の重要な舞台ともなった。

地図で読み解く神社 四

【注目の人気神社】—願いをかなえてくれるさまざまな社—

縁結びなど

箱根《はこね》神社《じんじゃ》（神奈川県箱根町）

瓊瓊杵尊、木花咲耶姫命、彦火火出見尊を箱根大神として祀る芦ノ湖畔の神社。また、芦ノ湖畔には九頭龍《くずりゅう》神社があり、仏教に帰依した龍が祀られている。この神社は縁結びの神社として、毎月13日の月次祭には良縁を求めて多くの女性が参拝に訪れる。

学業成就

太宰府《だざいふ》天満宮《てんまんぐう》
（福岡県太宰府市）

菅原道真を祀る三大天神のひとつ。道真の死後、その墓所の上に社殿を造営して創建された神社で、北野天満宮などと同じく学業成就の御利益があるとして、毎年多くの受験生が参拝する。

出世・昇進など

平安神宮《へいあんじんぐう》（京都府京都市）

平安遷都1100年を記念して創建され、平安京を開いた桓武天皇と、平安京最後の孝明《こうめい》天皇を祀る。平安神宮の見どころは、桓武天皇が開いた当時の平安京の正庁、朝堂院を８分の５のサイズで再現した境内で、応天門などを見ることができる。

出世・昇進など

高麗《こま》神社《じんじゃ》（埼玉県日高市）

７世紀に高句麗国からやってきた渡来人高麗王若光を祀る神社。716年に当地に赴任した若光は、高句麗移民とともに当地の開拓に当たった。やがて若光が没すると、高句麗の移民たちはその徳を偲び、御霊を「高麗明神」として祀った。以降、代々若光の子孫が代々宮司を務め、浜口雄幸、鳩山一郎といった政府要人が参拝したことから、出世・昇進にご利益があるといわれている。

巻堀神社《まきぼりじんじゃ》

―性と夫婦和合の神―

日本人のおおらかな性に対する考え方から生まれたオドロキの御神体

◆**祭神**
金精大明神・伊邪那岐命・猿田彦神

◆**アクセス**（岩手県盛岡市）
いわて銀河鉄道線好摩駅下車タクシーで5分

岩手県の巻堀神社の御神体《ごしんたい》は、非常に印象的だ。縁結び、夫婦円満、妊娠や安産、婦人病や性病などの病の治癒の御利益があるといわれる。祭神の依代《よりしろ》は、男根《だんこん》の形をした六寸か七寸ほどの金棒。祈願者は、金や石、木などでこの御神体と同じ形を作って奉納する。

このように男性器に生産や再生の力があると信仰される神を「金精神《こんせいしん》」という。「金」は立派、「精」は力強く勃起するといった意味で、人々はそこから子孫繁栄の象徴とした。また、俗信では、祠《ほこら》にある小さな金精神を紙に包んで病気の部分を打つと、病が平癒するともいわれた。巻堀神社のほか、岩手県の金勢神《こんせいじん》社《じゃ》、群馬県と栃木県の県境の金精峠にも男根が祀られている。

このような性器信仰が広まった背景には、神道では、性行為が万物を生成する源であり、生命はここから発展すると、肯定的に考えられていたことが大きい。つまり、性器崇拝は、豊穣と繁栄の願いの表われと捉えられていたのである。

陰陽石《いんようせき》

民間で性器信仰が盛んに行なわれた日本では、いたるところで男根の形をした石が祀られている。

◎愛と性にご利益がある神社

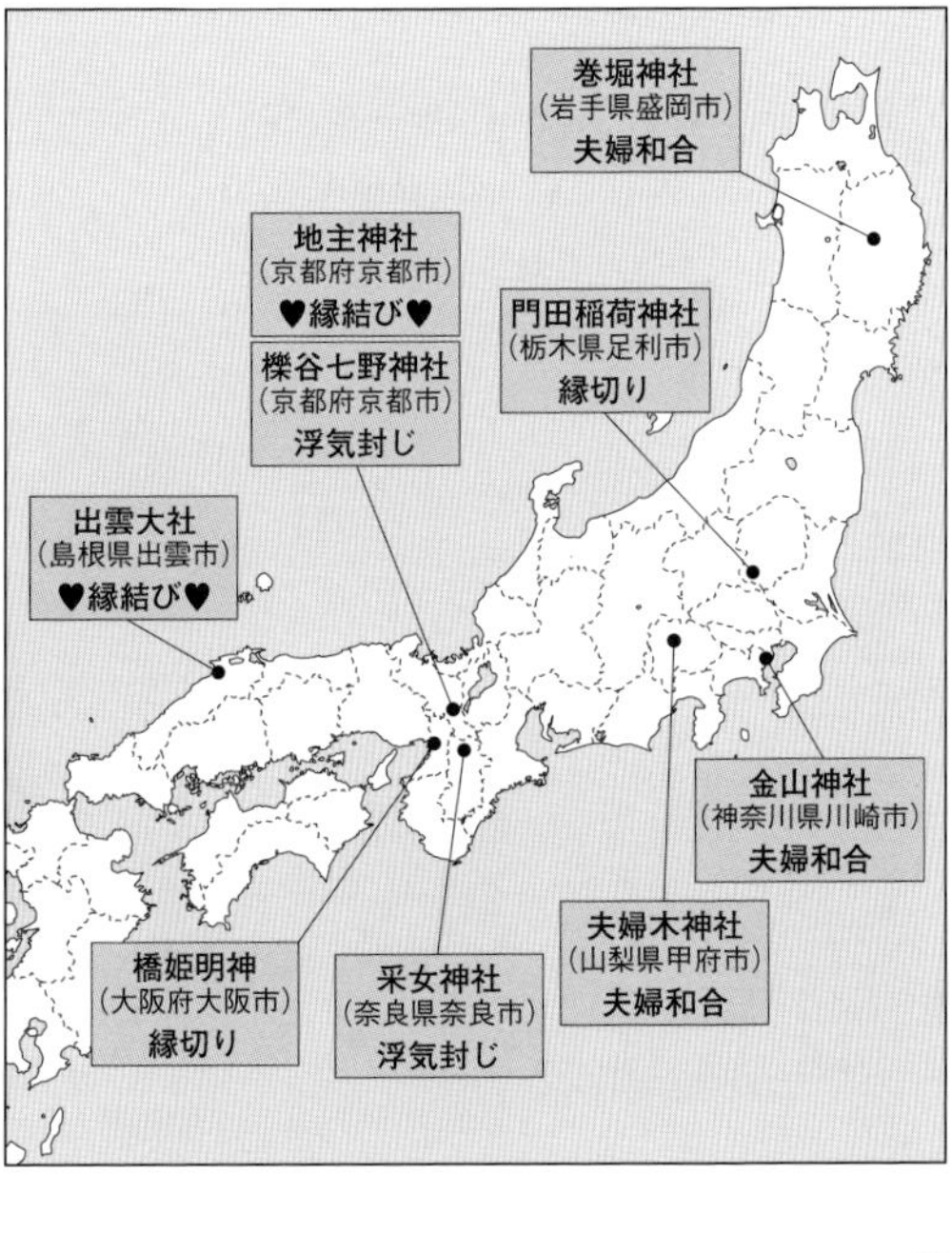

吉野《よしの》水分《みくまり》神社《じんじゃ》

―子を授ける分水の神―

訛りから生まれた新しい御利益を求めて参詣者が集う吉野の社

◆祭神
天之水分大神

◆アクセス（奈良県吉野町）
近鉄吉野線駅より吉野ロープウェイ乗り換え「吉野山」下車、徒歩約1時間30分

吉野水分神社は、祭神を天《あめの》水分命《みくまりのみこと》とし、奈良県吉野町に鎮座する。「水分」とは水配りの意で、水源地や分水嶺で川の水の量や流れを調整し、田畑に水を供給する水の神である。

そこから、豊かな実りをもたらす豊穣の神ともされた。農業に従事する人々にとって「水」は大変重要なものであった。稲が成育するまでには、大量の水が必要とされ、水を巡っては熾《し》烈《れつ》な水争いが起こるほどであった。そんな「水」に対する願いを天水分命に祈ったのだろう。

吉野水分神社は、天武《てんむ》天皇の治世、標高八五八メートルの吉野町青根ケ峰《あおねがみね》に祀られたとされるが、のちに奉拝に便利な吉野山の子守の丘陵地に遷された。

だが、この天水分命、別に意外な性格を持っている。それは子守明神としての性格だ。水と子授けとはかけ離れた気がするが、それもそのはず、このご利益は「訛《なま》り」によって生まれたもの。つまり、「ミクマリ」が「ミコモリ（水籠または身籠）」と訛り、ついには「コモリ（子守）」になり、子授け、子育てのご利益が加わったというのだ。

本居宣長《もとおりのりなが》の両親も吉野水分神社に子授けを祈願して宣長を授かったといわれている。

御田植祭
まだ水を配る神だったころの名残りか、毎年吉野水分神社では、御田植祭が開かれている。

こらむ

社の歳時記③

秋

**日本古来の信仰に基づき、
先祖を敬いその来訪を歓迎する季節**

いよいよ気温が上がり、夏本番を迎える七月。この月初めの一日が富士山の山開きの日である。

富士山は、霊峰と呼ばれて、神のおわす山と信仰されてきた。山開きから短期間だけ登山が許されていたから、富士山山頂の浅間神社参拝も含めて富士信仰の登山者たちが多く訪れる時期だった。

さらに七日は七夕であり、神事が続く。

七夕も牽牛・織女伝説が中国から伝わってわかりにくくなったが、日本の「棚機女」伝説が「たなばた」の名に残されている。

機織りの上達を祈ることが、そのまま技芸上達を祈る行事に変わって、笹竹と短冊の風習を生むことになった神事だ。八月に開かれる仙台の七夕祭りは有名である。

八月といえばお盆である。

ご先祖様が眠る墓に参り、祖霊を迎えて送り火で見送り、精霊流しをする。

お坊さんが家々を回ってお経を上げる盆の風景から、仏教色の強いものとなっているが、本来これも日本独自の信仰の影響が強い。

弥生時代以降に発生したと見られる祖霊信仰を土壌とする日本に、仏教を起源とする盂蘭盆会《うらぼんえ》の風習が伝わり、融合。日本独自のお盆が生まれたのである。

九月は重陽《ちょうよう》の節句が、中国渡来の陰陽思想と日本古来の菊の節句と習合して祝われる行事になっている。

ほかにも、長崎・諏訪神社の「おくんち祭」が、異国情緒をにじませて秋季例祭の火蓋を切る。

文月《ふづき》

霊峰富士への登山シーズンの始まりを告げる山開き。

葉月《はづき》

先祖の霊を迎えるお盆の慣わしは、神道の影響を強く受けている。

長月《ながつき》

毎年盛り上がりを見せる「長崎くんち」。

第4章

神様になった歴史上の人物

神社で日本の歴史がわかる

怨霊を鎮めるとともに、傑出した人物を祀って その力を得ようとした日本人

人が神になる「御霊信仰」

神道では人も時に神として祀られる。学問の神として崇められる天神様《てんじんさま》が最たる例であろう。ただし、『古事記』『日本書紀』『万葉集』などには、権力闘争などに敗れ、無念のままに死んだ人が死霊となって祟るといった話は出てこない。当時は、死後の世界や人の霊に対する関心が低かったため、そうした発想がなかったのである。

ところが、律令制度が整ってきた八世紀半ばになると、氏族意識が重んじられ、中国の死後の世界観、霊魂の存在に対する知識が広まっていった。そこから、無念の死を遂げた者の魂は、黄泉国《よみのくに》へと旅立たずにこの世でさまよい、疫病《えきびょう》や飢饉《ききん》、落雷を起こして災いをなすという御霊信仰《ごりょうしんこう》が生まれた。

御霊信仰の始まりとされるのが、桓武《かんむ》天皇の弟・早良親王《さわらしんのう》の怨霊である。親王は皇太子の地位にあったが、藤原種継《ふじわらのたねつぐ》暗殺事件に連座したとされ、廃太子された。そして流刑地に向かう途中、天皇を恨みながら絶食し、餓死したという。

すると、まもなく都では疫病や自然災害が流行し、地方では反乱が起こるようになる。これらは、すべて早良親王の怨霊の仕業として恐れられた。桓武天皇は、この怨霊を鎮めるために、早良親王に「崇道《すどう》天皇」の号を贈るなどして、社会不安の鎮静化に努めたという。

その後、皇位継承争いを核とする政治闘争はますます激化する。その過程で没落し、命を落とす者は後を絶たず怨霊事件が続出したため、祟りを鎮めるための祭礼である「御霊会《ごりょうえ》」が盛んに行なわれるようになった。文献で確認できる最初の御霊会は、八六三（貞観《じょうかん》五）年に行なわれたもので、早良親王、伊予《いよ》親王、藤原吉子《きっし》、藤原仲成《なかなり》、橘逸勢《たちばなのはやなり》、文室宮田麻呂《ふんやのみやたまろ》の六柱の霊を招いて、読経や芸能を奉納したという。

御霊としてとくに有名なのが一〇世紀初頭の菅原道真《すがわらのみちざね》である。傑出した才能の持ち主で異例の出世を遂げたが、藤原時平《ときひら》一派に陥れられて、九州の大宰府《だざいふ》へ左遷《させん》され、わずか二年余りで亡くなった。その後、旱《かん》魃《ばつ》や疫病などが起こり、時平の陰謀に関わった者が次々と不慮の死を遂げたので、人々は道真の祟りと恐れ、その怨霊を鎮めるために、道真を京都の北野《きたの》天満宮《てんまんぐう》へ祀った。御霊会で挙げた前出の六柱の霊に、道真と吉備真備《きびのまきび》の霊を加えて「八所《はっしょ》御霊《ごりょう》」として祀ったのが、京都の上御霊《かみごりょう》神社である。

そのほか、一一五六（保元《ほうげん》元）年に保元の乱を起こし讃岐国《さぬきのくに》に配流となった第七五代崇徳《すとく》天皇も御霊とされ、京都の白峰《しらみね》神宮に祀られている。大阪府の水無瀬《みなせ》神宮に祀られている後鳥羽上皇《ごとばじょうこう》、神奈川県の鎌倉宮に祀られている護良《もりよし》親王など、御霊の例を挙げればきりがない。

◎人の神格化の歴史

【御霊信仰】

奈良時代以前は、死後の世界・霊魂に対する関心は薄かった……

律令制の成立とともに中国の他界観・霊魂観が輸入される

8世紀末、桓武天皇が政敵の怨霊を畏れる

御霊会が行なわれる

八所御霊の成立

10世紀初頭、菅原道真左遷ののち都に異変が続発したため、御霊に道真、吉備真備が加えられる

崇徳天皇

保元の乱で讃岐に流された崇徳天皇が、朝廷を恨むあまり天狗と化し、京に禍をもたらす

中世

修験者や僧の怨霊伝説が生まれる一方で、曾我兄弟や楠木正成など横死した武将の御霊が現われる

近世

戦国期に沈静化した御霊信仰であったが、江戸時代に再び復活。佐倉宗吾などの怨霊が報告されている

【人物神】

平安時代

特定の芸能・技能に優れた人々を祀る
安倍晴明、柿本人麿など

中世

天皇に忠義を尽くした武将を祀る
楠木正成、新田義貞など

近世

偉大な業績を残した戦国武将を祀る
豊臣秀吉、徳川家康など

近代以降、戦争で活躍した軍人や戦死した将兵を祀る

守護神・祖神としての御霊信仰

人物神信仰には、怨霊の祟りを除けるために慰霊するという信仰のほかに、特定の分野に秀でた人物の霊を守護神、祖神として崇めることで、その才能にあやかるといった信仰もあった。たとえば、万葉歌人《まんようかじん》の柿本人麿《かきのもとひとまろ》は「和歌の神」に、琵琶《びわ》の名手の蟬丸《せみまる》は「芸能の神」として祀られている。

中世以降は、武功や偉業を讃えられて「武将神」となった武将や軍人が多い。

武将の例としては、京都の豊國《とよくに》神社に祀られている豊臣秀吉《とよとみひでよし》、栃木県の日光東照宮《にっこうとうしょうぐう》に祀られている徳川家康《とくがわいえやす》、兵庫県の湊川《みなとがわ》神社に祀られている楠木正成《くすのきまさしげ》、福島県の藤島《ふじしま》神社に祀られている新田義貞《にったよしさだ》などが挙げられる。軍人の例としては、東京都港区の乃《の》木《ぎ》神社に祀られている乃木希典《のぎまれすけ》、東京都渋谷区の東郷《とうごう》神社に祀られている東郷平八郎《とうごうへいはちろう》などが挙げられる。

また、靖国《やすくに》神社は、ペリー来航の国難の中で命を落とした人々を祀るために創建された。

これらに共通しているのは、一般にその道の祭神となるのは死後のことで、武功や偉業を讃えると同時に、天下泰平への願いが込められていることである。

上御霊神社《かみごりょうじんじゃ》 下御霊神社《しもごりょうじんじゃ》

―都を襲った八所御霊―

かつて京都御所を囲むようにして存在したふたつの御霊神社

◆祭神

上御霊神社／崇道天皇・他戸親王、井上皇后・火雷神・藤原大夫神・文室宮田麻呂・橘逸勢・吉備大臣

下御霊神社／崇道天皇・吉備聖霊・伊予親王・藤原大夫人・藤原大夫・橘大夫・文大夫・火雷天神

◆アクセス

上御霊神社：JR京都駅より市バス「烏丸鞍馬口」下車徒歩３分

下御霊神社：JR京都駅より市バス「河原町丸田町」下車徒歩２分

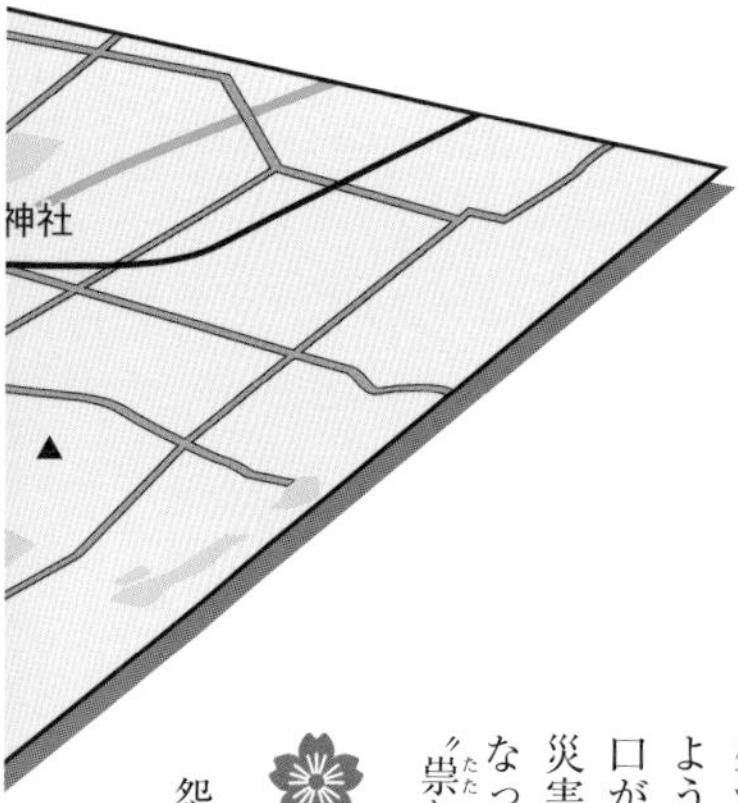

御霊信仰の社会的背景

平安時代初期、この世に怨みを持つ霊が、疫病《えきびょう》や災害を起こして祟るという御霊信仰《ごりょうしんこう》が広がった背景には、当時の社会不安がある。中央集権体制が確立すると、地方から平安京へ人々が押し寄せた。地方豪族にとっては、中央政界への進出が出世の近道であったし、庶民は豊かな生活を求めて都へとやってくるようになった。こうして都の人口が急増すると、疫病の流行や災害被害の拡大が深刻な問題になっていき、その原因を怨霊の〝祟《たた》り〟としたのである。

御霊神社の祭神「八所御霊」

怨霊に祟られないためには、慰霊《いれい》をしなければならない。そこで頻繁に行なわれたのが御霊《ごりょう》会《え》である。御霊会だけでは慰霊することが困難なほど、とくに強力な怨霊は、神として祀ることにした。現在の上御霊および下御霊神社の祭神は早良親王《さわらしんのう》と伊予《いよ》親王、藤原吉子《きっし》、井上皇后、他戸親王、橘逸勢《たちばなのはやなり》、文室宮田麻《ふんやのみやたま》呂《ろ》、菅原道真《すがわらのみちざね》、吉備真備《きびのまきび》で、諸説はあるが「八所御霊《はっしょごりょう》」と称される。

もっとも時代が下るにつれて、この二社の役割は〝慰霊〟といった性格が薄れ、京都御所の産《うぶ》土神《すながみ》として重要視されるようになった。

神社豆知識

●崇徳上皇の御霊

一一五六（保元元）年、保元の乱に敗れ、讃岐国《さぬきのくに》へ配流となった崇徳《すとく》上皇は、讃岐で軟禁生活を送ることとなる。都に戻ることを夢見た上皇は、大乗経《だいじょうきょう》を血書したが、その願いはかなわず、生きながら天狗《てんぐ》となって死後の祟りを誓う。

するとその後、都では飢饉《ききん》や大火事などが続出し、崇徳上皇の御霊の祟りと恐れられた。後白河《しらかわ》天皇は、慰霊のために崇徳院を追贈し、崇徳上皇を祭神とする粟田宮を建立した。

上御霊神社と下御霊神社

上御霊神社

崇道天皇（早良親王）、井上皇后、他戸親王、藤原大夫神（藤原広嗣）、橘大夫（橘逸勢）、文大夫（文室宮田麻呂）、火雷神（以上六柱の荒魂。菅原道真とも）、吉備大臣（吉備真備）を祀る。

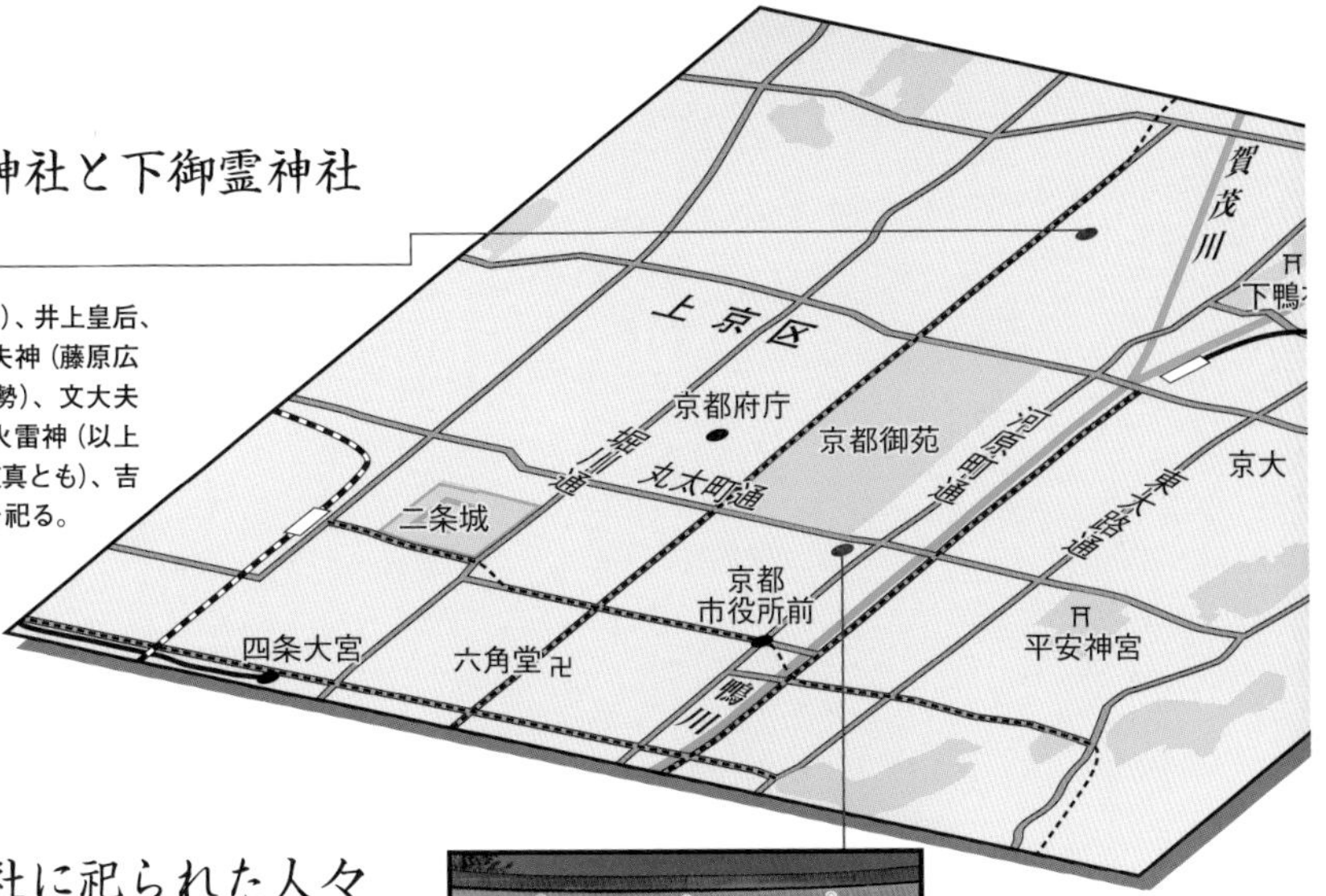

御霊神社に祀られた人々

藤原大夫神

藤原広嗣。大宰府への左遷後、朝廷に上奏文を送り自分を排斥した者たちを糾弾するも、これを謀反と受け取られ、740年に挙兵。だが、あえなく敗れ処刑された。

崇道天皇

桓武天皇の同母弟で皇太子とされていたが、785年、藤原種継暗殺事件に連座して廃され、無実を訴えるために断食し、淡路に流される途中に憤死した。

橘大夫

平安時代の官人・橘逸勢。842年、恒貞《つねさだ》親王を皇太子に立てようと画策しているのが発覚し逮捕。配流先の伊豆国へ向かう途中病没した。

吉備大臣

奈良時代に学者・政治家として活躍した吉備真備。政争に敗れて無念のうちに亡くなったわけではないが、八所御霊の一柱に数えられている。

火雷神

崇道天皇、井上皇后、他戸親王、藤原大夫、橘大夫、文大夫の荒魂とも、大宰府に左遷されてのち怨霊となった菅原道真ともいわれる。

文大夫

平安初期の官人・文室宮田麻呂。843年、謀反の罪を着せられて伊豆国へ流されたが、その後無罪と判明した。

藤原大夫人

伊予親王の母・藤原吉子。809年、反逆罪に問われて幽閉され、飲食を絶たれたのち毒を飲んで命を絶った。

井上皇后

光仁天皇の皇后であったが、天皇呪詛の罪を着せられて772年に幽閉され、3年後に没した。

他戸親王

光仁天皇の皇子で有力な皇位継承候補者であったが、母・井上皇后とともに幽閉され、ともに死去した。

伊予親王

桓武天皇の皇子であったが、809年、反逆罪に問われて幽閉され、飲食を絶たれたのち毒を飲んで命を絶った。

下御霊神社

崇道天皇、吉備聖霊、伊予親王、藤原大夫人（伊予親王の母、藤原吉子）、藤原大夫、橘大夫、文大夫、火雷天神を祀る。

桓武天皇周辺系図

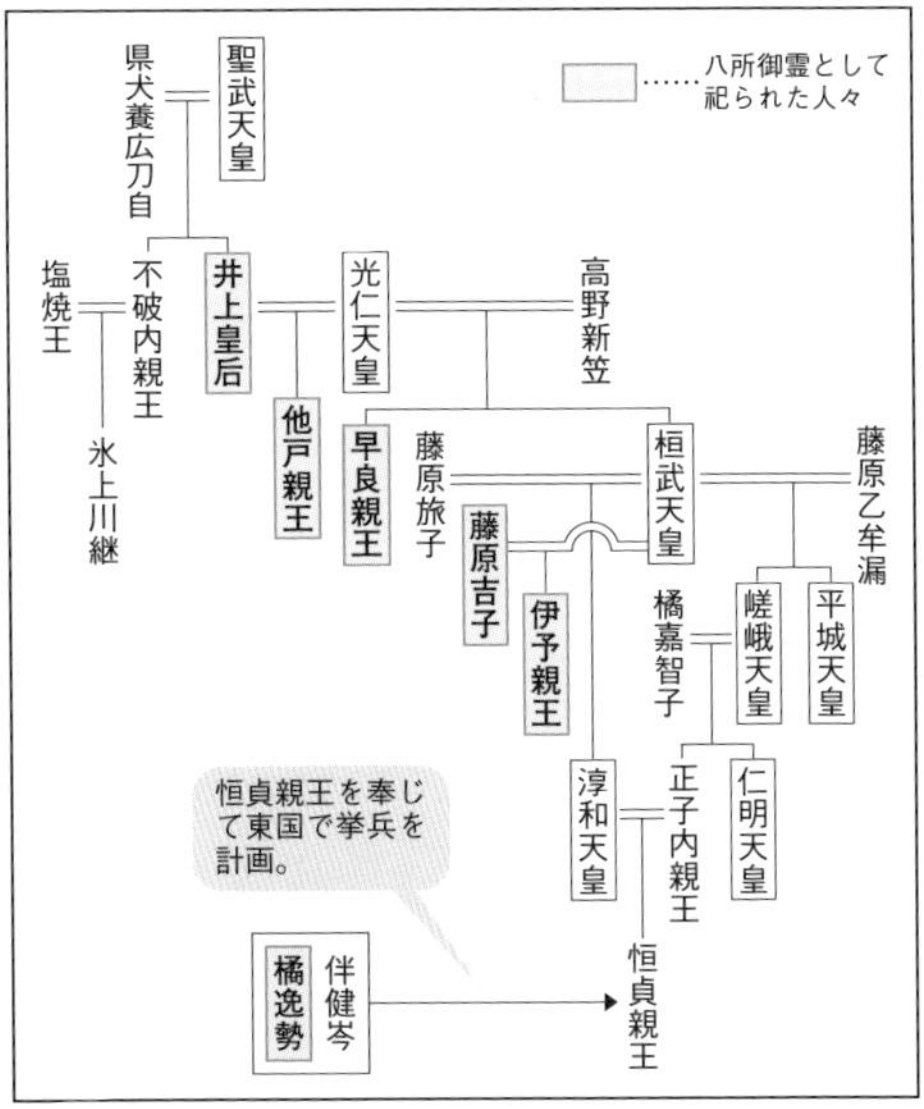

桓武天皇の周辺では政争のなかで多くの人々が命を落としている。

北《きた》野《の》天《てん》満《まん》宮《ぐう》

―天神・菅原道真―
落雷事件によって怨霊から天神へと変貌した悲劇の秀才

◆**祭神**
菅原道真

◆**アクセス**（京都市上京区）
ＪＲ嵯峨野線円町駅からバス「北野天満宮前」下車

平安時代最大の御霊《ごりょう》とされるのが菅原道真《すがわらのみちざね》である。式部少輔《しきぶのしょうゆう》・文章博士《もんじょうはかせ》となった道真は、宇多《うだ》天皇の信任を得て権《ごんの》大納言《だいなごん》兼右大将《うだいしょう》となり中央政界で活躍した。ところが、醍醐《だいご》天皇が即位すると、藤原時平らの讒言《ざんげん》により、大宰権帥《だざいごんのそち》に左遷されて、二年余りののち、九州の地で他界した。

それから都では長雨が続き疫《えき》病《びょう》が流行った。また、御所の清《せい》涼殿《りょうでん》に雷が落ち、大納言《だいなごん》の藤原《ふじわらの》清貫《きよつら》ら貴族が焼死。さらには道真に左遷を命じた醍醐天皇、醍醐天皇の皇太子・保明《やすあきら》親王、醍醐天皇の皇太孫・慶頼王《やすよりおう》などが相次いで死去し、一連の事件は道真の祟りと恐れられた。

道真の御霊を鎮めるために御《ご》霊会《りょうえ》が行なわれ、加えて道真は、万能の神である「天満大自在《てんまんだいじざい》」として京都の北野天満宮に祀られて全国に勧請《かんじょう》された。「天満大自在」となった道真は、学問や詩歌、書道の神として人々に崇められるようになった。

また、「天満大自在」思想と結びついて雨をもたらす雷神、農業の神ともなった。ただし、雷神は天の神であることから、道真は天の神と同化したとみなされ、以後は天神様といえば道真をさすようになった。

◎全国の主な天満宮

※三天神は北野・太宰府に大阪もしくは防府の天満宮のいずれかを加えた３社を指す。

第4章

神田明神《かんだみょうじん》

―関東の英雄・平将門―

江戸っ子たちの強い願いにより主祭神へと復帰した関東独立の雄

◆祭神
大己貴命・少彦名命・平将門

◆アクセス（東京都千代田区）
JR御茶の水駅・秋葉原駅より徒歩5分

平将門《たいらのまさかど》を祀る神田明神は、創建当初、大己貴命《おおなむちのみこと》を祭神とし、神田ノ宮と称していた。

九三五（承平五）年、坂東の武者であった将門は、関東独立を夢見て朝廷に対して反乱を起こす。関東各地の国衙《こくが》を陥れ、一族の者を新たに国守に任命するとともに、「新皇《しんのう》」を称して独立政権を打ち立てたかに見えたが、九四〇（天慶《てんぎょう》三）年、下《しも》野《つけ》国押領使《おうりょうし》・藤原秀郷《ふじわらのひでさと》らの攻撃を受け、討ち取られてしまう。

将門は京で晒《さら》し首になったが、その首は白い光を放ちながら飛んで武蔵国《むさしのくに》まで戻ってきたという。その時、天地が暗転鳴動したといわれている。人々はそんな将門の霊を鎮めるべく、丁重に祀り、さらに神田ノ宮に合祀《ごうし》したのだという。

江戸時代になると、神田明神は現在の地に移され江戸城の鬼門守護の役割を担うようになった。

同時に将門は、中央政府に対して、関東を拠点に反旗を翻したことから、江戸っ子に「関東を救おうとした英雄」「反骨精神溢れる英雄」として絶大な人気を誇った。

ところが、天皇を中心とした国家建設に邁進した明治時代になると、将門は「朝敵《ちょうてき》」であったことを理由に祭神の座を追われ、別殿に移された。

しかしながら、その後も江戸っ子の将門に対する信仰心は揺らぐことはなく、本殿ではなく別殿の将門に参拝する人々が絶えなかったという。このような江戸っ子の思いに押されて、一九八四（昭和五九）年、将門は正式に祭神に返り咲いている。

◎将門の怨霊を鎮める神社

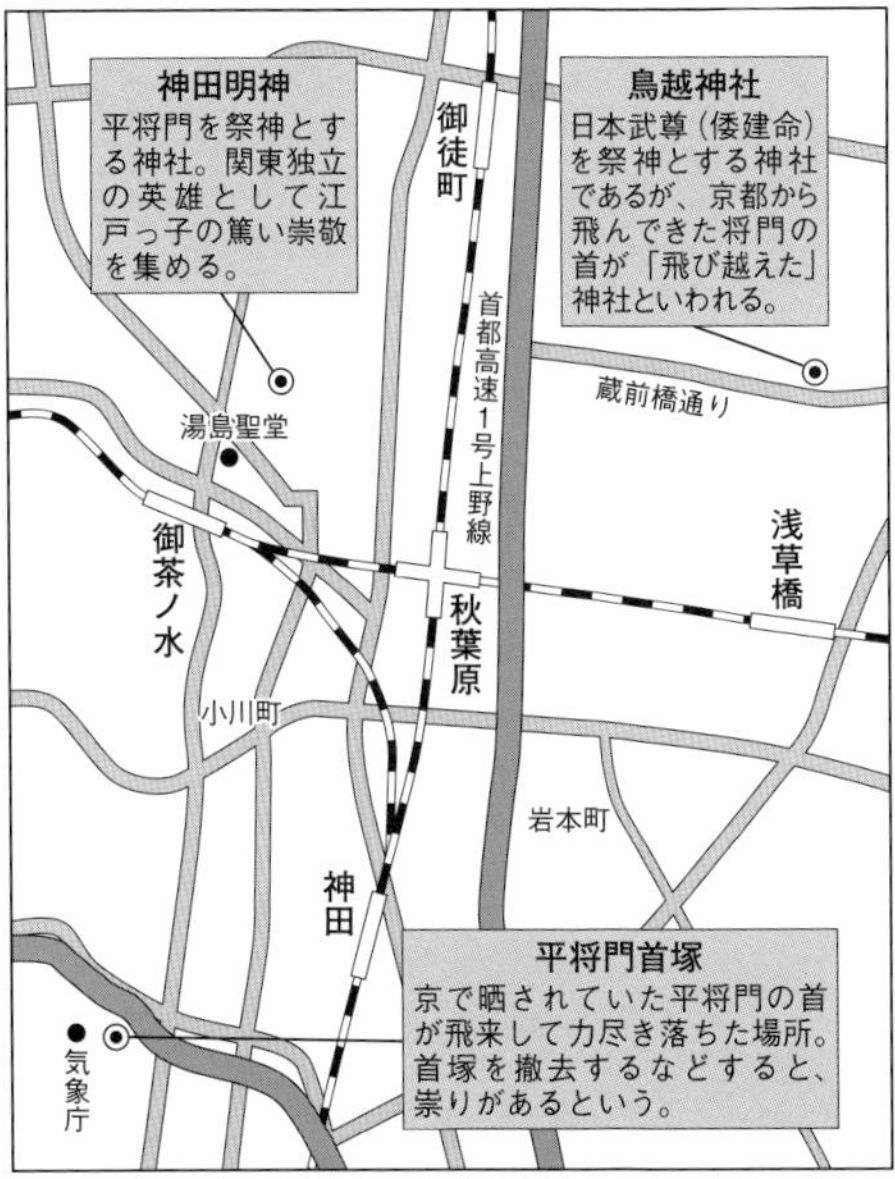

秋葉原駅周辺には平将門に関する史跡や神社が点在する。

人類の歴史は戦いの歴史といっても過言ではない。日本においても、戦乱の時代が繰り返されるなかで、歴史上大きな足跡を残した武人たちが登場した。強く勇ましくあり続けた彼らはその業績から神として崇められ、祀られていった。

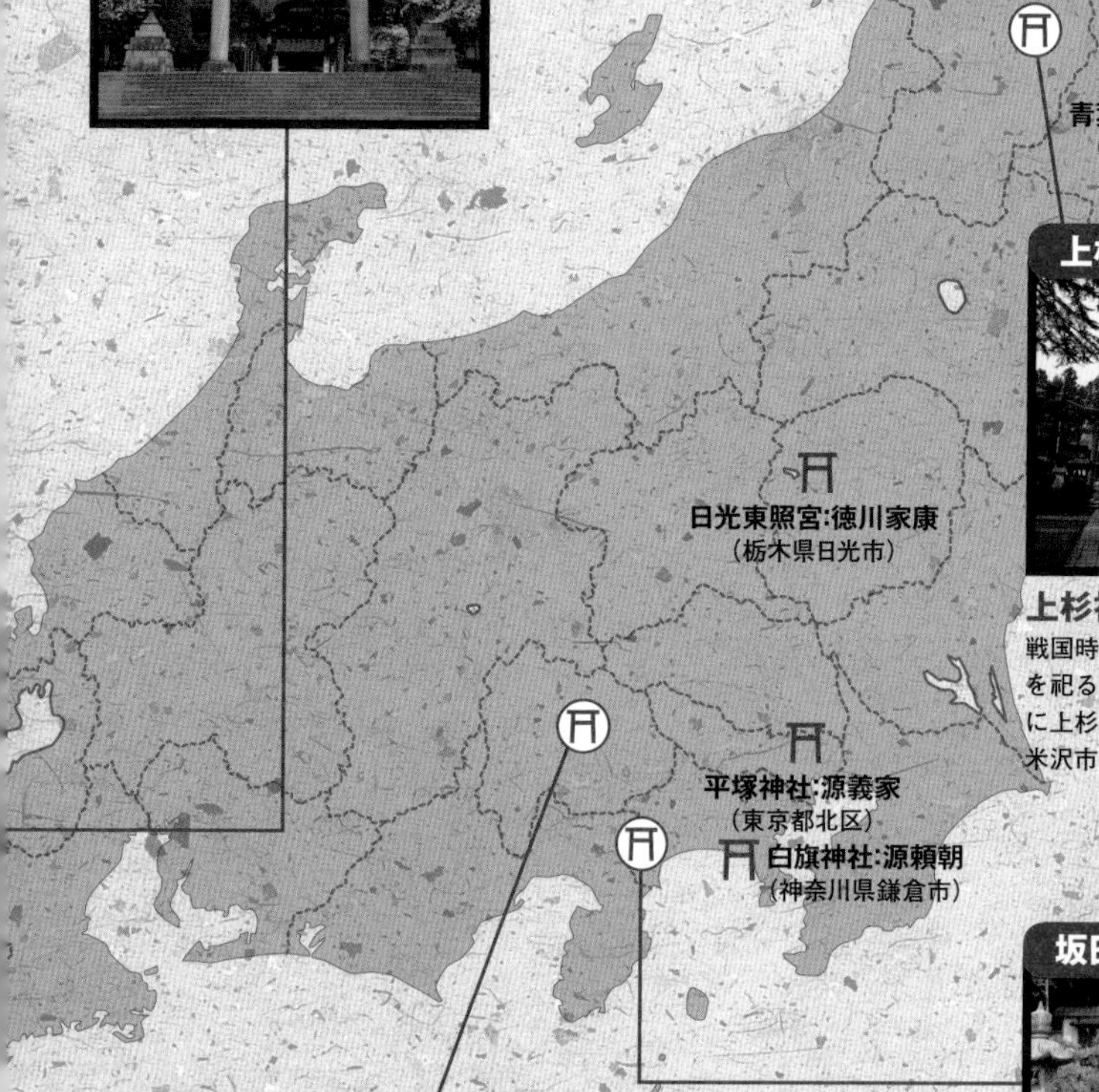

豊臣秀吉

豊国神社(京都府伏見市)

戦国時代、百姓から身を起こし天下人の地位まで上り詰めた豊臣秀吉を祀る。その経歴から、出世開運に御利益があると強い人気を誇る。

上杉謙信

上杉神社(山形県米沢市)

戦国時代、越後国を治めた上杉謙信を祀る。豊臣政権・徳川政権の時代に上杉家が米沢へ転封になったため、米沢市に鎮座する。

坂田金時

金時神社(神奈川県足柄下郡)

金太郎として知られる武将・坂田金《さかたきん》時《とき》を祀る。源頼光《みなもとのよりみつ》の四天王のひとりとして土蜘蛛《つちぐも》や大江山の酒呑童子《しゅてんどうじ》退治に活躍した。

武田信玄

武田神社(山梨県甲府市)

甲斐国の戦国大名・武田信玄を祀る。かつての武田家居館・躑躅ヶ《つつじが》崎《さき》館の跡地に建つ神社で、宝物館には信玄ゆかりの品々が数多く納められている。

地図で読み解く神社 五

【神様になった武将たち】—歴史に足跡を残した人々の社—

斎藤実盛

実盛神社（長崎県北高来郡）

かつて自らが命を救った木曾義仲《きそよしなか》に討たれた源平合戦期の武将斎藤実盛《さいとうさねもり》を祀る。西日本各地ではその霊が虫となって現われ、田を荒らすといわれており、虫送り儀礼が行なわれている。

楠木正成

湊川神社（兵庫県神戸市）

後醍醐《ごだいご》天皇に仕え、足利尊氏《あしかがたかうじ》との湊川の戦いで戦死した南北朝時代の武将・楠木正成を祀る。

織田信長

建勲《けんくん》神社（京都府京都市）

戦国時代の尾張国に登場し、天下統一まであと一歩のところまで迫るも本能寺の変で討たれた織田信長を祀る。

新田義貞

新田神社（鹿児島県薩摩川内市）

後醍醐天皇に仕え、足利尊氏との戦いで眉間に矢を受けて戦死した南北朝時代の武将新田義貞を祀る。

柿本《かきのもと》神社《じんじゃ》

―歌聖・柿本人麿―
万葉の時代に足跡を残す謎多き歌聖を祀る石見の社

◆祭神
柿本大明神

◆アクセス（島根県益田市）
戸田柿本神社／ＪＲ山陰本線益田駅より車で約７分

特定の芸能に秀でた者を祀り、その力にあやかろうとする考え方から生まれた神社のひとつが島根県の柿本神社である。柿本人麿《かきのもとひとまろ》は『万葉集《まんようしゅう》』第一の歌人で、「歌聖」と称され、三十六歌仙《さんじゅうろっかせん》のひとりでもある。

柿本神社は、学問や詩歌に御利益があるだけでなく、漁業の神、商売繁盛の神ともされている。

「歌聖」人麿が漁業の神となったいきさつは、一〇二六（万寿三）年、津波の際に、海に没して海の神となったためという。そのほか「ヒトマロ」の音にちなみ、「人産まる」で安産の神、「火止る」で火難除けの神ともされた。語呂によって御利益が増えていったというわけだ。

その名はよく知られている人麿だが、公的史料にはまったく登場しない。持統《じとう》天皇の時代に活躍した宮廷歌人で、石見《いわみ》で亡くなったらしいということがわかっているくらいで、その生涯や人物像についてはほとんど謎に包まれている。

江戸時代の国学者・賀茂真淵《かものまぶち》は、人麿は下級官吏だったために公的史料にその名が記載されなかったとする。

また、哲学者の梅原猛《うめはらたけし》氏の説では、人麿は石見に左遷され水死刑に処せられたために、その名が史料から抹消されたとし、人麿が御霊《ごりょう》となることを恐れた人々が人麿を神として祀ったのだという。

柿本人麻呂像
謎に包まれた歌人・柿本人麻呂の肖像。（京都国立博物館所蔵）

日光東照宮《にっこうとうしょうぐう》

――東照大権現・徳川家康――

家康は死後、なぜ自分を改葬するよう命じたのか？

◆**祭神**
徳川家康公
相殿／豊臣秀吉公・源頼朝卿

◆**アクセス**（栃木県日光市）
ＪＲ日光線日光駅から東武バス「神橋」下車、徒歩８分

江戸幕府を開いた徳川家康が「東照大権現《とうしょうだいごんげん》」として祀られる神社を「東照宮」と呼び、全国各地におよそ三〇〇創建されている。有名なものとしては、久能山《くのうざん》東照宮、上野東照宮などがある。

なかでも有名なのが、家康の廟所《びょうしょ》を有し、世界遺産にも指定されている日光東照宮であろう。現在のような絢爛《けんらん》豪華な造りとなったのは、三代将軍家光の改築による。

家康が日光東照宮に祀られた手順は、あまり例を見ないものだった。一六一六（元和《げんな》二）年、家康が病没すると、三河《みかわ》国（現・静岡県）の久能山に埋葬され、その一年後に日光山へと移送されたのである。

このような手順を踏んだのは、家康の遺言による。その真意は、霊場とされる久能山に一度埋葬されて〝神〟となってから、日光山に鎮座して江戸幕府や徳川家、日本国を守護しようとしたのではないかとされる。

彼の神名につけられた「権現」とは、仏が神の姿になって現われるという本地垂迹説《ほんじすいじゃくせつ》によるもので、東照大権現は薬師如来《やくしにょらい》の仮の姿とされた。その御利益は、立身出世した家康にあやかり、開運厄除け、家内安全、商売繁盛、交通安全などとされる。

日光と久能山

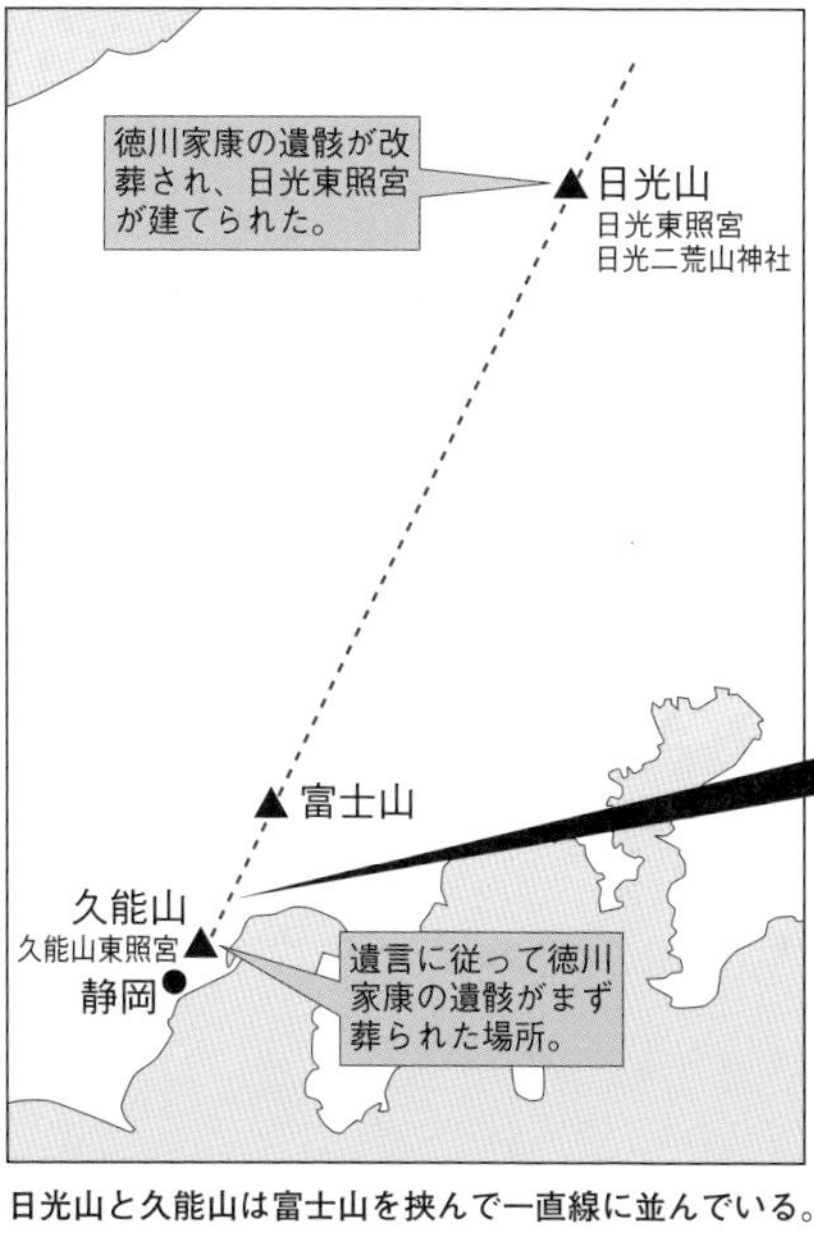

日光山と久能山は富士山を挟んで一直線に並んでいる。

久能山東照宮

松陰神社《しょういんじんじゃ》

―明治の要人を育てた長州の思想家―

◆**祭神**
吉田寅次郎藤原矩方命

◆**アクセス**（山口県萩市）
JR山陰本線東萩駅よりバス「松陰神社前」徒歩1分

◆◆◆

山口県萩《はぎ》市の松陰神社は、幕末の思想家・吉田松陰《よしだしょういん》を祀る。松陰は、幕府の鎖国体制下、ペリー艦隊に依頼して海外への渡航を企てるが失敗。さらに長崎からロシア艦隊に乗ることを試みるが、こちらも失敗する。

松陰はもはやこれまでと自首し、萩の野山獄に一年二か月も投獄された。ここで囚人たちに孟子《もうし》の教えを説き啓蒙《けいもう》した。その後幽閉の身ながら、松下村塾《しょうかそんじゅく》という私塾を叔父の玉木文之進《たまきぶんのしん》から受け継いだ。

身分や階級にとらわれずに有能な人材を塾生として受け入れた松下村塾からは、久坂玄瑞《くさかげんずい》、伊藤博文《いとうひろぶみ》、高杉晋作《たかすぎしんさく》、木戸孝允《きどたかよし》、山縣有朋《やまがたありとも》など、明治維新の立役者や明治政府の重鎮となった数多くの人物が輩出した。

だが、反幕府的な言動が幕府に察知され、一八五八（安政《あんせい》五）年、安政の大獄《たいごく》において投獄された。

尋問の最中に老中《ろうじゅう》暗殺計画が発覚し、翌年、江戸の小塚原《こづかはら》の刑場で斬首された。

松陰神社の始まりは、松下村塾の傍に小祠を建て、松陰が愛用した赤間硯《あかますずり》を御霊代《みたましろ》として祀ったこととされている。一九〇七（明治四〇）年、松陰の功績により、政府公認の神社に認定され、県社となった。

第4章

明治神宮《めいじじんぐう》

―明治を体現した大帝―

◆**祭神**
明治天皇・昭憲皇太后

◆**アクセス**（東京都渋谷区）
JR原宿駅または地下鉄千代田線明治神宮前駅より徒歩1分

◆◆◆

明治維新により、日本が近代国家としての改革に着手した時代、我国の指導者として君臨したのが明治天皇である。明治新政府は、天皇の権威を高めるべく、天皇親政を復活させた明治新政府は、天皇の権威を高めるべく、天皇は天照大御神《あまてらすおおみかみ》の子孫で「現《あら》人神《ひとがみ》」であるとした。

しかしながら、日露戦争中は現地の兵士たちを慮《おもんぱか》って真冬も暖房を使わずに過ごされるなど、明治天皇には、人間味溢れる逸話が数多く残っている。そんな明治天皇が一九一二（明治四五）年に崩御《ほうぎょ》されると、天皇への畏敬の念を体現させるべく明治神宮の建設が、貴族院、衆議院の二院で可決された。明治神宮造営局が設置され、天皇ゆかりの代々木御陵地《よよぎごりょうち》（現・代々木公園）に人口の森をつくり、社殿を創建した。その樹木の多くは国民からの献木で、勤労奉仕の人々が植えたという。明治神宮には、天皇の皇后・昭憲皇太后《しょうけんこうたいごう》が合祀《ごうし》され、家内安全、身体健全、社運興隆、合格祈願、縁結び、夫婦和合、商売繁盛など、多くのご利益があるとされている。

また、明治神宮のおみくじは、吉凶を占う類のものではなく、明治天皇や皇后が詠んだ和歌が記されている。これは、占いの結果に心を乱されることのないようにとの配慮からだという。

第4章

東郷神社《とうごうじんじゃ》
乃木神社《のぎじんじゃ》

―日露戦争を勝利に導いた軍神たち―

◆**祭神**
東郷神社／東郷平八郎命
乃木神社／乃木希典将軍・乃木静子夫人

◆**アクセス**（東京都渋谷区）
東郷神社／ＪＲ原宿駅竹下口より徒歩５分
乃木神社／都営大江戸線六本木駅より徒歩６分

◆◆◆

明治時代は、日本が近代国家への階段をひたすら駆け上った時代であった。その過程のなか、日清・日露というふたつの大戦を経験している。

東京にはその日露戦争で活躍した軍人を祀る神社がふたつある。海軍の東郷平八郎《とうごうへいはちろう》を祀る東郷神社と、陸軍の乃木希典《のぎまれすけ》を祀る乃木神社である。どちらも、その死後、彼らを悼む声が国民から上がり、神格化されて創建された神社だ。

東郷平八郎は、当時無敵といわれたロシアのバルチック艦隊を日本海海戦で破った。

一九三四（昭和九）年に死去し、国葬をもって送られた。（財）東郷元帥記念会により東郷神社が創建された。

一方の乃木希典は、第三軍司令官として出征し、難攻不落とされた旅順《りょじゅん》要塞を陥落させた陸軍大将。しかし、この戦いで多くの部下を失い、乃木自身も長男と次男を失った。

その後、皇族華族の子弟の教育機関だった学習院《がくしゅういん》院長となり、裕仁《ひろひと》親王（昭和天皇）に大きな影響を与えたといわれている。

一九一二（明治四五）年、明治天皇崩御に際して、夫人と共に殉死《じゅんし》。東京のほかに、山口、栃木、京都にも乃木神社があり、夫人も合祀《ごうし》されている。

第4章

靖国神社《やすくにじんじゃ》

―日本のために戦い、命を落とした英霊たち―

◆**祭神**
護国の英霊　２４６万６５３２柱

◆**アクセス**（東京都千代田区）
ＪＲ飯田橋駅より徒歩20分、または地下鉄九段下駅より徒歩すぐ

◆◆◆

靖国神社の起源は、一八五三（嘉永《かえい》六）年以降、明治維新達成のための戦いに殉じた者を英霊として祀る招魂祭《しょうこんさい》を江戸城内の大広間で行なったこととされる。

その後、明治天皇の命により、九段坂上に靖国神社（当時の呼び名は東京招魂社《しょうこんしゃ》）が創建された。以後、日清・日露、第一次世界大戦、太平洋戦争などが続くなかで、戦死者を「靖国の神」として祀っていった。現在、祀られている英霊は二四六万余柱といわれている。

戦前までの靖国神社は、国家が管理しており、陸・海軍省所属であった。戦後は、全国の遺族・崇敬者による単立の宗教法人となった。特筆すべきは、現在も靖国神社は神社本庁に属さない独立した存在であるということだ。

靖国神社と深い関わりを持つ考え方に「軍神《ぐんしん》」がある。これは戦死した軍人の中でも、とくに軍功があった者を〝軍人の鑑〟として軍神とするというものだ。

日清戦争以前は、戦死者すべてが靖国の神とされ、特定の人物を軍神とする思想はなかった。

近代日本で軍神の称号を授かった最初の人物は日露戦争時の広《ひろ》瀬《せ》武夫《たけお》海軍中佐、橘周太《たちばなしゅうた》陸軍中佐とされている。

こらむ

社の歳時記④

冬

秋の収穫に感謝したのちに
新たな歳神様を迎える準備を始める年の瀬

十月から十二月にかけて、神社の冬は忙しい。

まず、神無月と呼ばれる十月。日本中の神様が出雲大社に集結して縁結びの会議が開かれるため、全国のほとんどの神社はからっぽになるという。

この月の出雲では全国から集まった神様をお迎えする神事が開かれる。

だが、神様が留守のはずの日本中の神社では、秋の収穫を感謝する例大祭が盛大に行なわれている。

伊勢神宮では、その年の収穫による新米を神前に供える神嘗祭《かんなめさい》が真っ先に行なわれる。これは天皇がその年に収穫した穀物を、天照大御神に奉る祭りである。

古来、天皇の統治の基本は、人々を飢えさせないことにあった。こうした思想が連綿と受け継がれているのである。

十一月は、すでに翌年の豊作を祈る行事が始まる。

神前に奉じられるのはたいていが神楽で、地方ごとに特色のある舞曲で、収穫を見届けてほっとしている神様を慰労し、翌年の加護を祈る行事。これらを「霜月《しもつき》祭り」と総称することもある。

師走十二月に入ると年の瀬。と同時に新しい歳神様を迎えるための行事の「事始《ことはじ》め」でもある。

この「事」はやはり神事のことで、正月準備が師走行事の大部分を占める。たいてい十三日が事始めの日で、煤払いから始められたという。家々でも年末には大掃除が行なわれるが、これもすべて次の年の歳神様を迎える仕度なのである。

神無月《かんなづき》

収穫を神々に感謝する神嘗祭の一場面。伊勢神宮の神嘗祭に合わせて新穀を奉納する「初穂曳」。

霜月《しもつき》

霜月祭の始まりを告げる飯田市の湯立神事。

師走《しわす》

年末のアメ横。神社の１年は歳神様を迎える支度で暮れていく。

終章

神社へ行こう

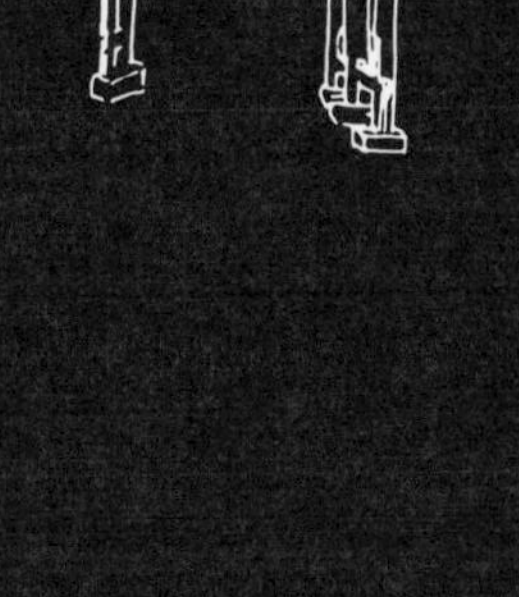

鳥居《とりい》

人間の住む世界と神の座す神域との境界を仕切る神社の門

鳥居の部位

鳥居を構成する木々の各部位にはそれぞれ名称が細かく付けられている。

神社を訪れるとまず鳥居をくぐる。その存在意義は、それを境に神殿側が神域、外側が俗世間という区分けを明示すること。いわば神社の門の役割を果たす。

鳥居の起源は、古代インドで仏塔《ぶっとう》を囲む垣の門・トラーナや、中国の宮殿の前に置かれた華表《かひょう》とも言われるが、定かではない。また、天照大御神《あまてらすおおみかみ》が天岩戸《あまのいわと》に隠れたとき、招き出すのに鶏を鳴かせた伝説から、止まり木を模したともいう。

さらに、古代日本の大王家が宮城の入口に設けた二本の円柱と横木を持つ、扉のない門が原型ではないかともいう。

鳥居では、柱に渡されたその横木を「笠木《かさぎ》」と呼ぶ。下に「島《しま》木《ぎ》」が添えられて二重になっている形もある。王家の門と区別するために、笠木の下にさらに一本「貫《ぬき》」と呼ぶ横木を添えたのが鳥居の基本形だという。

そんな鳥居の笠木や柱に丸みを持たせたものを明神《みょうじん》系鳥居、直線的なものを神明《しんめい》系鳥居と、形式が区別されている。

鳥居の先は神が鎮まる聖域である。まず鳥居の下で一礼し、威儀《いぎ》を正して鳥居をくぐろう。

鳥居の種類

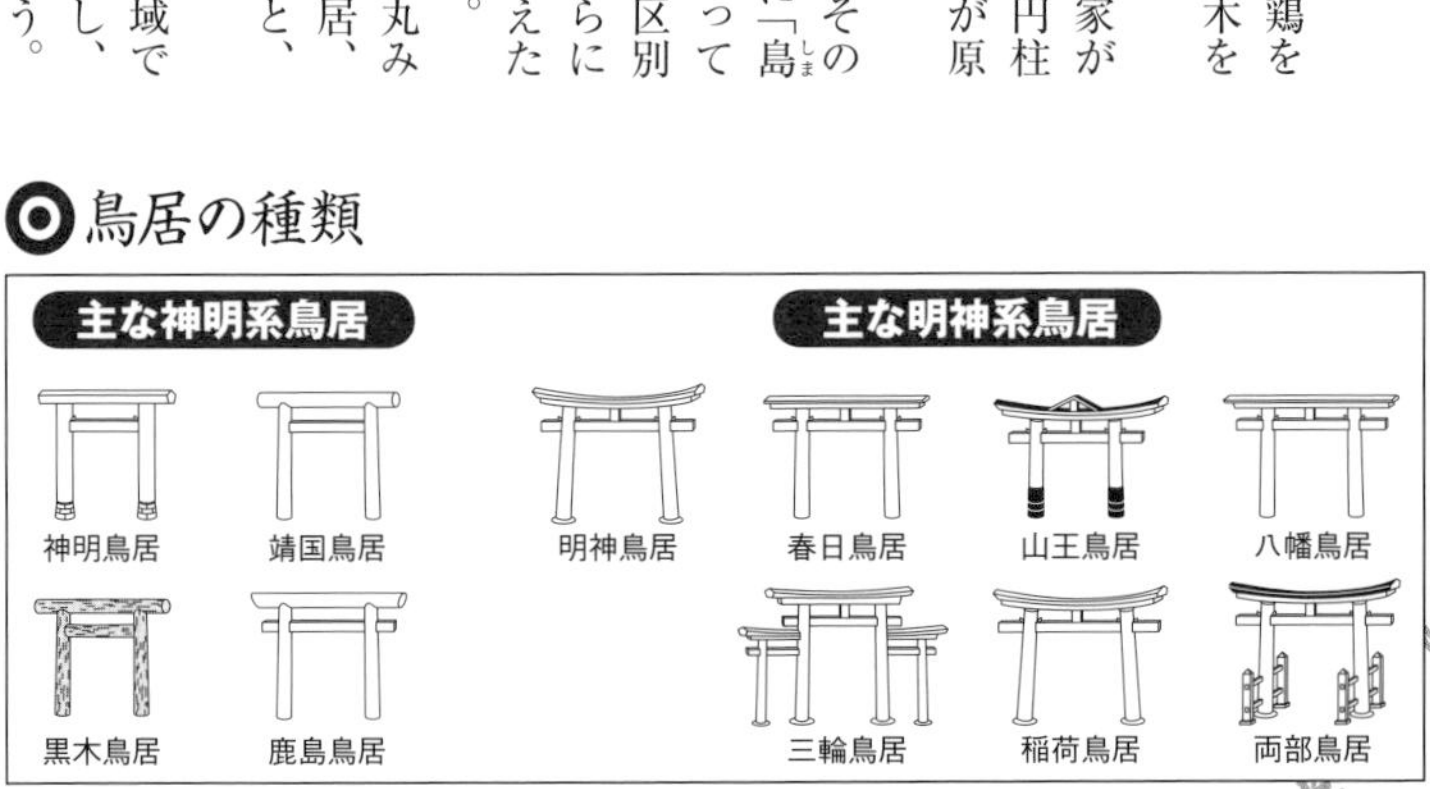

注連縄《しめなわ》

「穢れた者は立ち入り禁止！」と警告する、神社に張られた太い縄

神社への入り口の鳥居には、たいてい縄がかけられている。何本かで縒《よ》りをかけて編んだものだったり、細い縄に紙の札が下げられていたりする。

その縄が注連縄で、紙の札を紙垂《しで》という。いずれもそこが神聖な場所への入口ということを示すものだ。鳥居と同じ役割と考えていい。ただ注連縄のほうは穢《けが》れを祓って、そこから先に邪悪なものが入り込まないよう防ぐ役割も担っている。一般家庭で正月に飾る注連縄も同じで、家に歳神様《としがみさま》を迎えるために邪気を祓うものなのだ。

このように注連縄は、固定されている鳥居と違って移動可能なこともあってか、形式も流動的だ。大きさや縒り方、形など種類もさまざま。太さも、均一のもの、真ん中が太いもののほか、片側が太く反対側が先細りになっている牛蒡《ごぼう》型などがある。

この牛蒡型は、向かって右に太いほうがくるようにかけるのが決まりだ。太いほうは稲の根を表わし、すべての根源を意味する。神道では神から見て左側を優位に扱う。その左尊重を守ったかけ方なのだ。これを除けば注連縄のかけ方に決まりはなく、神社ごとに異なる。

◎さまざまな注連縄

白山神社の注連縄。

出雲大社の注連縄。

高千穂によく見られる注連縄。

神社豆知識

●神社を囲む鎮守の森

神社の境内やその周辺には、たいてい多くの樹木が植えられている。これは、古来日本人が樹木の繁る森や林に神々が鎮まると考えてきたことと無縁ではない。だから古代の神社は、必ず鎮守《ちんじゅ》の森と呼ばれる緑に包まれていた。この森は、社殿の修復や建て替えの際の材木を確保するという実利を併せ持つ。

八重垣神社の原生林

狛犬《こまいぬ》

本殿の前に立つ一対の犬は、ペルシアからやってきたライオンだった！

神社の本殿あるいは拝殿前で、建物を背に据えられている狛犬。神社に置かれて、邪気祓いの役を担う狛犬は、朝鮮半島を経て伝わった高麗犬《こまいぬ》像が転じたものといわれている。その起源は中国、さらには古代ペルシアやアッシリアのライオン像に求められる。古代オリエント世界ではライオンを支配者の象徴と考えて、その像を入口に据えていた。

それが中国に伝わり、墓所に飾って死者の霊を鎮める獅子像となる。これが朝鮮を経て日本に入ってきたというわけだ。

日本では、この高麗犬像と唐《から》獅子《じし》像が混在した時代がある。これは狛犬とは別に、インド・中国を経由してやってきた唐獅子像があったため。高麗からの渡来像は小さかったようで、宮中で几帳《きちょう》の重りとして用いられていた。獅子像は絵だけの伝来だったため、見慣れぬ動物だったこともあり、祓《はら》えの儀式に登場する聖獣となった。

◎狛犬の伝来経路

阿形《あぎょう》

吽形《うんぎょう》

狛犬はもともとオリエントの都市の壁にあしらわれたライオンの装飾が起源といわれている。これが中国・朝鮮を経て日本にやってきた。

神社豆知識

●燈籠《とうろう》は何のためにある？

燈籠は本来が照明用の道具であり、神仏の加護を強くするために灯される。参道《さんどう》の左右に立ち並ぶ光景を目にするが、これらは神社を崇敬する人々によって寄進されたものだ。

神社の燈籠のなかでも、奈良の春日大社《かすがたいしゃ》を発祥とする春日燈籠が有名である。燈籠の形には寺院発祥のものが多いが、神社では鎌倉時代以降この春日形が主流になっていった。

春日形石燈籠の基本形は六角形で、明かりを灯す火床に鹿の絵が彫られていることが多い。鹿が春日大社の神様の遣いとされているからで、一対の石燈籠に雌雄を彫り分ける。火床の乗った請台の下に、蓮弁が刻まれているのも神社らしい部分だ。

絵馬《えま》

願い事とともに本物の馬が供えられていた！

受験シーズンになると、学問の神・天神さまの境内に、学校名を書いた木札がずらりと並ぶ。この札が絵馬である。受験に限らず、家内安全、商売繁盛、縁結びなどの祈願のため、社務所《しゃむしょ》でこの絵馬札を売っている神社は少なくない。

この絵馬札、もともと古来の慣習を簡素化したものだ。奈良時代ころまで、神社での祈願のときには本物の馬を奉納する習慣があった。

しかし生きた馬は貴重で高価だったため、木や土で作った馬の人形、紙に描いた馬の絵などを代用として奉納するようになる。これが、やがて板に描いた馬の絵で統一された。

はじめ小さなものだった絵馬は、室町時代には著名な画家の手による大型のものの奉納などが起こり、専門の絵馬堂が建てられたりもしている。

さらに江戸時代には馬以外の絵が描かれたり、願い事の文も書かれるようになる。願い事に通じる絵、その年の干支《えと》の動物など、現在ではさまざまな絵の描かれた絵馬を見ることができる。

板の形も、扁額《へんがく》から、板の上部を屋根のように切り落とし、別の板で庇《ひさし》をつけた形に変わっている。

太宰府天満宮の絵馬

学業成就を願う絵馬が所狭しと並ぶ。

神社豆知識

●お守り

神社に参拝した証し、また祈願がかなうように、災厄除けにといただいてくるのが、お札やお守り。

お札は家内の吉方に貼り、お守りは身につけておく。

これらは、かつて護符《ごふ》と総称されていた。戸口に貼る、神棚に安置する、身につけておく、座布団の下に敷くなどのほか、ちぎって飲み下すものまであった。

起源はそれほど古くなく、鎌倉時代ころからという。

古代の日本人は、勾玉《まがたま》など玉類をお守りとしていた。だが、仏教が伝来し、寺で呪符《じゅふ》を配るようになると、神社もこれをまねた護符をつくり、配るようになっていったのである。

神殿建築《しんでんけんちく》

仏教建築の影響を受けて生まれた、御神体が鎮まる社

神社に祀られた神様が鎮まる建物が本殿である。今でこそ立派な社殿が建っているが、かつて古代の信仰においては、祭祀《さいし》のたびに神様が降臨する場所をしつらえており、常設の社《やしろ》はなかった。大きな石などが神の依《より》代《しろ》になると考えられ、祭祀の折にはこれらが神籬《ひもろぎ》という固定化した聖地祭祀に変わる。神霊が宿ると考えられる老木などの周囲に常盤木で垣根を造ったが、祭祀が終わるとこれらは解体されていた。

それが常設の形をとるようになるのはいつごろか、はっきりしない。古社として名高い伊勢《いせ》神宮《じんぐう》の場合でも三〜五世紀と幅が広い。出雲大社《いずもたいしゃ》は七世紀の創建といわれているが、それ以前の建築物の跡らしい遺跡が見つかっている。

社殿の建築様式も、この二社の社に代表される。伊勢神宮内《ない》宮《くう》本殿が神明造《しんめいづくり》で、出雲大社は大社造《たいしゃづくり》と呼ばれている。これらは創建が古いだけに、最古の建築様式を伝えるものである。

ところが、やがて仏教が伝来し、寺院建立が進められる時代になると、伽藍《がらん》様式が取り入れられるようになる。社殿に装飾が増え、赤や緑の塗りも取り入れられた。春日造《かすがづくり》、八幡造《はちまんづくり》などがこれにあたる。

神殿（正殿）の前に拝殿《はいでん》があり、参拝者は一般にここから本殿の神様に拝殿で礼拝する。賽《さい》銭《せん》箱にお賽銭を投げ入れたら鈴を揺らし、「二拝二拍一拝」する。また、出雲大社では「二拝四拍一拝」となっている。

◎大社造と神明造

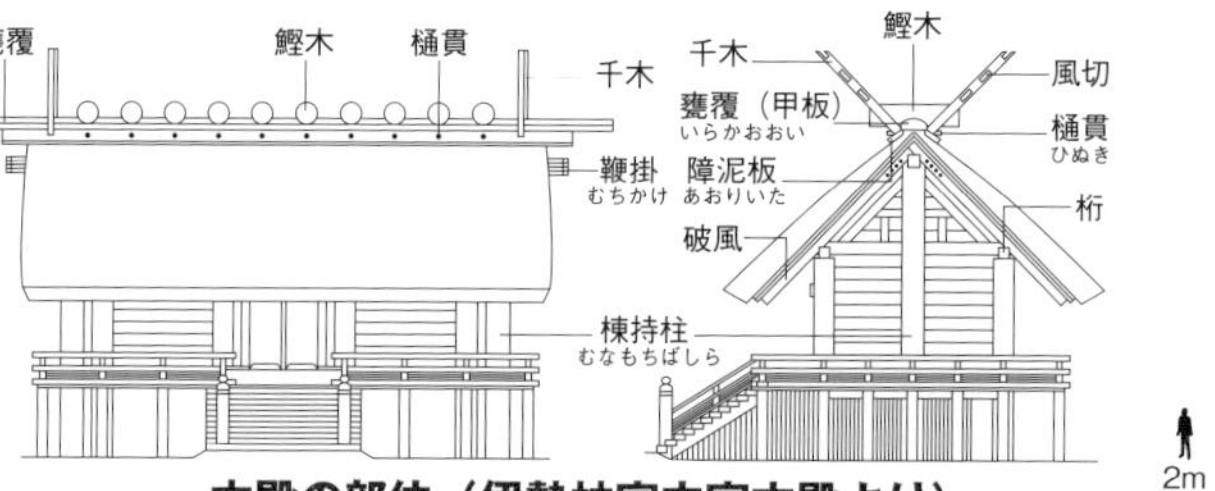

本殿の部位（伊勢神宮内宮本殿より）

神明造（伊勢神宮）

神殿の屋根と平行な面を正面にすえる「平入り」様式を用いた最古の神殿建築。

大社造（出雲大社）

神殿の屋根の三角をなす面を正面にすえる「妻入り」様式を用いた最古の神殿建築。

9

御神体《ごしんたい》

神社の本殿に祀られる御神体は神が宿る「もの」!?

神社の本殿（正殿）に祀られているのが御神体。神社に参拝するということは、この御神体を崇拝するということだ。

御神体は、寺院における御本尊のように人の姿をしていないケースがほとんどだ。御神体とは神様そのものの姿ではなく、その祭神が御霊《みたま》を宿らせるとされる依代《よりしろ》（御霊代）である。

神社の主な御神体

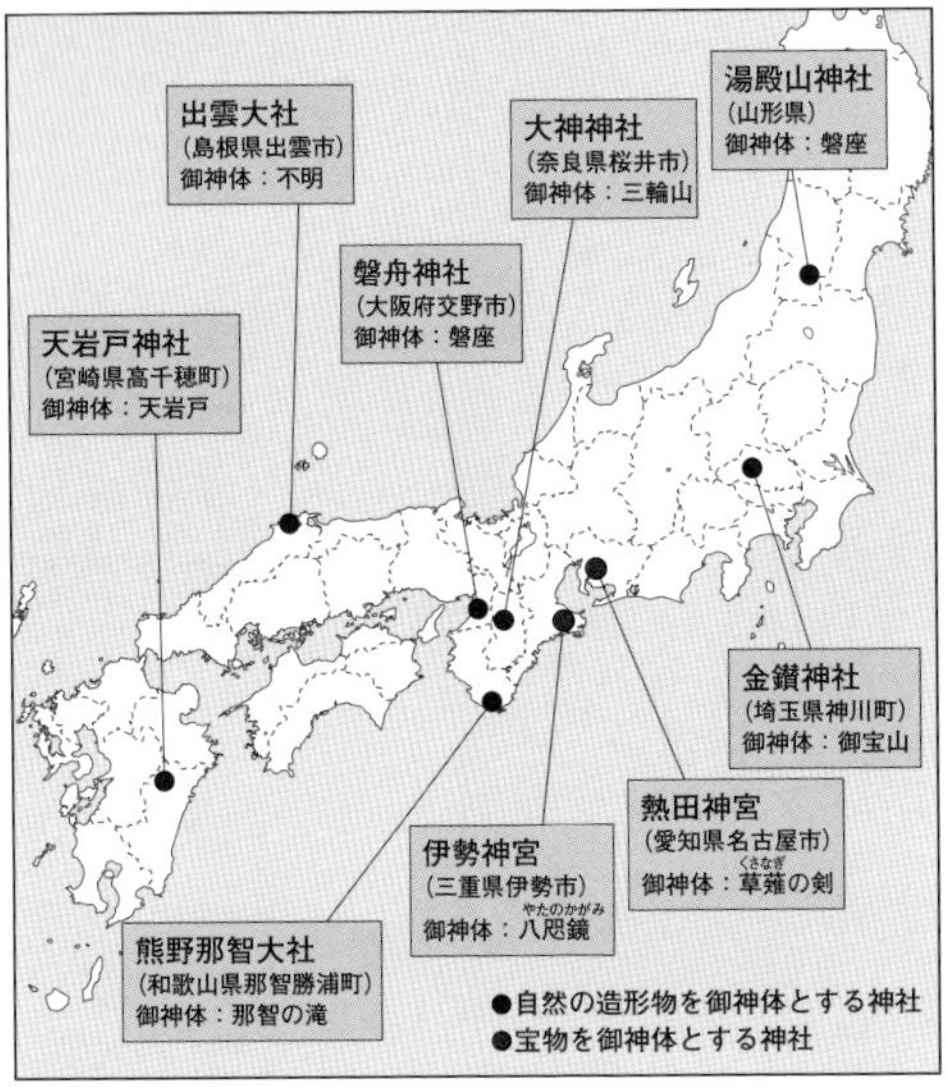

全国の神社が祀る御神体は、神像のみならず、自然の造形物や剣、鏡など多岐にわたる。出雲大社においては一切不明という謎に包まれている。

森羅万象《しんらばんしょう》に宿る神々に降臨していただく依代を神殿に祀り、参拝者には拝殿を設けて、そこから参拝してもらうのが、神社の一般的な形式になっている。

神社によって鏡、玉、剣、鉾《ほこ》、弓、鈴などさまざまなものがあり、なかには、ただの御幣《ごへい》という神社もある。稀に神像画や神像彫刻という、人の姿の御神体もあるが、それは中世以降の神仏習合が起こった時代より後に創建された神社の場合だ。

御神体はほとんど一般には公開されず、たしかに何が祀られているのか知られる神社もあるが、出雲大社《いずもたいしゃ》のように何が御神体なのか、不明な神社も多い。また、古来そのままに自然物を御神体とする神社もあり、本殿のない例も見られる。

神社豆知識

●三種の神器

天孫降臨《てんそんこうりん》のとき、神武天皇の祖先となる邇邇芸命《ににぎのみこと》が天照大御《あまてらすおおみ》神《かみ》から授けられた八咫鏡《やたのかがみ》、天叢《あめのむら》雲剣《くものつるぎ》、八坂瓊勾玉《やさかにのまがたま》が三種の神器である。

鏡は、天照大御神が天岩戸《あまのいわと》に籠ったとき、彼女を誘い出すのに使われたものだ。剣は、須佐《すさ》之男命《のおのみこと》がヤマタノオロチの尾から取り出し、のちに日本武尊《やまとたけるのみこと》に預けられて草薙《くさなぎ》の剣と称されるようになったもの。勾玉も、天照大御神を岩屋から誘い出す道具として榊《さかき》につけられていたものだ。

鏡は伊勢神宮《いせじんぐう》の、剣は熱田神《あつたじん》宮《ぐう》の御神体になっていて、勾玉のみ今の皇居賢所《こうきょかしこどころ》に奉斎されている。

神楽《かぐら》と巫女《みこ》

古代神話に起源を持つ芸能は、地方色豊かな分派を見せる

社務所《しゃむしょ》でお札を売ったり、境内の掃除をしている巫女をよく見かけるが、本来巫女は、呪術的神事で重要な役割を担う存在であった。

巫女とは神託を通じて神と人との間を仲介することができる人々で、神がかり、つまりトランス状態で神の言葉を伝えたりした。

浦安舞を舞う巫女　巫女の起源は、天岩戸の前で舞った天宇受売命（天鈿女命）にあるといわれ、神楽や神事における舞は彼女たちにとって重要な役目である。

記紀神話のなかで、天岩戸《あまのいわと》の前で舞を披露した天鈿《あめのうず》女命《めのみこと》が巫女の原形といわれ、神事で舞を奉納するのも巫女の務めだった。

そんな巫女舞が起源といわれているのが神楽だ。「カグラ」は「神の座」が語源とされ、神の降臨する神社で禊《みそぎ》や祓《はら》え、魂鎮《たましず》めのために捧げた舞楽が本来の神楽だ。

ただ、神楽は「御神楽《みかぐら》」と「里神楽《さとかぐら》」に大別され、「御神楽」は前述の天鈿女命の舞を起源として、猿女氏《さるめし》によって宮中に伝えられてきた。

一方の「里神楽」は、記紀神話の一場面を劇仕立ての舞にした部分が切り離されていったもの。

地域によって独自の発展を遂げ、出雲流、高千穂流など特色をもった演じ方を育てた。

出雲神楽は神社の縁起や出雲神話を演じ、その流れを汲む高千穂神楽は、神事の日に、神社でなく民家に注連縄《しめなわ》で神座をしつらえて舞を舞う。

それが、中世の能や狂言、さらには歌舞伎《かぶき》にまで発展していったのだから、神楽は日本の古典芸能の原点ともいえる。

出雲神楽

島根県に伝わる出雲神楽。佐陀神社の御座替神事に発したと伝わる。

高千穂神楽

宮崎県高千穂町に伝わる高千穂神楽。毎年10月に高千穂神社を中心とした一帯で夜通し舞われる。

神職《しんしょく》

精進潔斎に境内の清掃、お祓いと、けっこう忙しい神社の主

「神主《かんぬし》」というのは神社で神に仕える人の正式名称ではない。××神社を預かる最もえらい人という意味での神主なら、その人の肩書は宮司《ぐうじ》だ。

ひとつの神社を管轄する長が宮司で、ひとりで何もかもを取り仕切ることもあるが、大きな神社になると、大勢で神社の日常の業務をこなさなければならない。

そんな神社では宮司の下に、権宮司《ごんぐうじ》、禰宜《ねぎ》、権禰宜《ごんねぎ》といった役職があって、役割を分担しているのが普通だ。

といっても、だれでも宮司や禰宜になれるわけではない。神社の行なう神事をはじめ、さまざまな実務に携わる神職になるには、専門の学問と資格が必要とされている。その資格が取得できるのは、東京の國學院大學《こくがくいんだいがく》と三重の皇學館大學《こうがくかんだいがく》のほか、神社が設置している神職専門の教育機関で、必要な課程を履修した人だけだ。

必要な課程終了で階位がもらえるが、神社の宮司になれる階位、禰宜になれる階位など細かく資格が決められている。

こうして資格を得て、大きな神社で神職に就くと、忙しい日常業務に追いかけられる。

宮司が精進潔斎《しょうじんけっさい》して神前に食事を供えたら、禰宜以下一同がそろって朝の祈りの祝詞《のりと》をあげる。境内や社殿の掃除に、日中の参拝者への対応、さらには氏《うじ》神《がみ》神社として地域行事への参加、冠婚葬祭などなど。仕事や職務ではない、神に対する「奉仕」の一日が続く。

◎世襲された神職

伊勢神宮	・内宮：荒木田氏 ・外宮：度会氏
出雲大社	出雲国造家→千家氏、 北島氏→千家氏
熱田神宮	尾張氏→藤原氏
宇佐神宮	・宇佐氏→大宮氏：膳伴氏 ・権大宮司：大中臣氏
宗像大社	宗形氏
阿蘇神社	阿蘇氏
気比大社	中臣氏
香取神宮	中臣氏
鹿島神宮	中臣氏

◎神職の一日

起床	身心の潔斎を行なう	朝
日の出の時刻	神社の開門	朝
	神前に日供をお供えする	朝
	朝拝をして、祝詞をあげる	朝
	社殿・境内の清掃	昼
	さまざまな神事 ・お宮参り ・冠婚葬祭 ・厄除け ・地鎮祭　など	昼
夕刻	神社の閉門	夕
	神前に日供をお供えする	夕

神主の一日は潔斎に始まり、さまざまな神事に追われる。

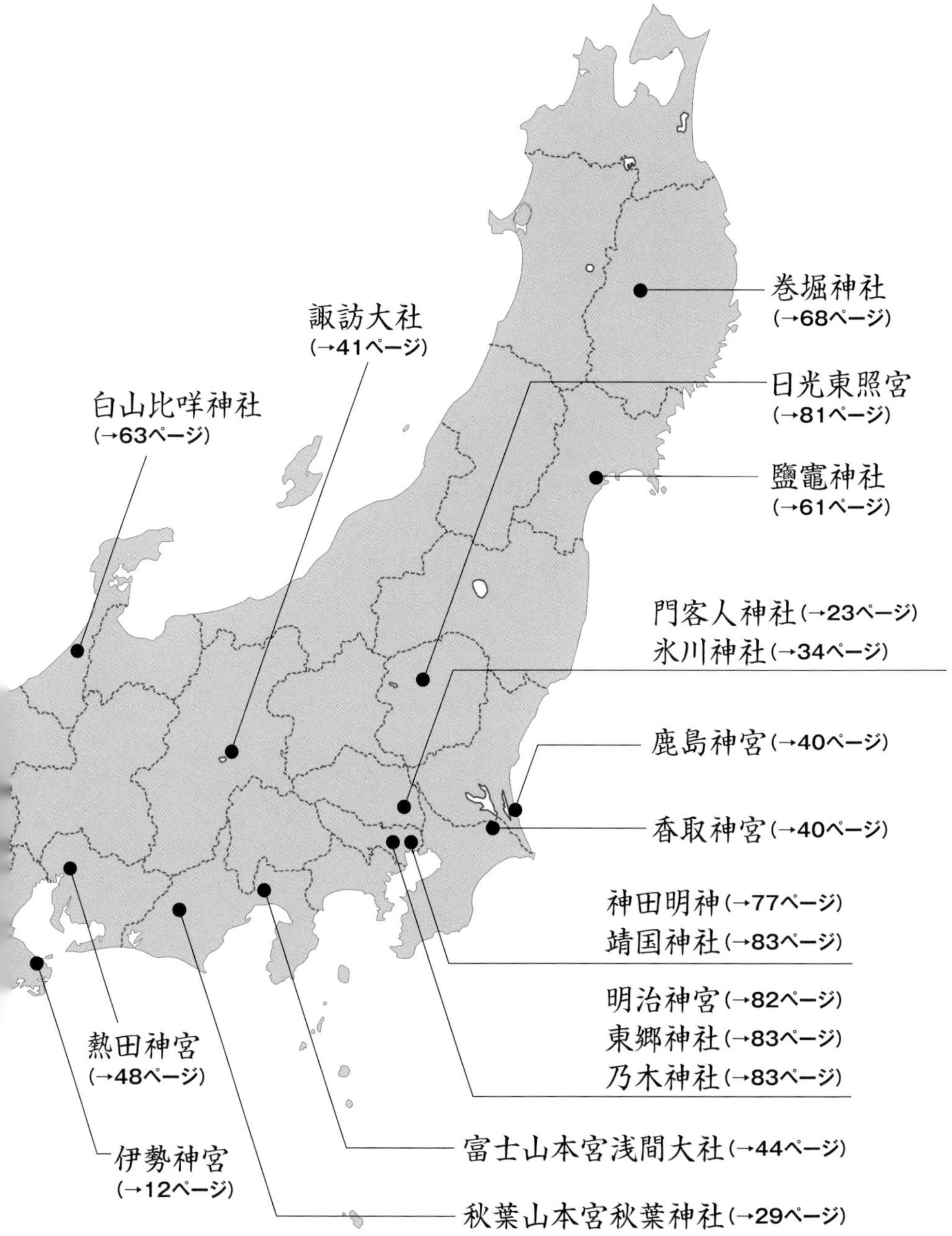
巻堀神社
(→68ページ)
諏訪大社
(→41ページ)
日光東照宮
(→81ページ)
白山比咩神社
(→63ページ)
鹽竈神社
(→61ページ)
門客人神社(→23ページ)
氷川神社(→34ページ)
鹿島神宮(→40ページ)
香取神宮(→40ページ)
神田明神(→77ページ)
靖国神社(→83ページ)
明治神宮(→82ページ)
東郷神社(→83ページ)
乃木神社(→83ページ)
熱田神宮
(→48ページ)
富士山本宮浅間大社(→44ページ)
伊勢神宮
(→12ページ)
秋葉山本宮秋葉神社(→29ページ)

本書に登場する主な神社一覧

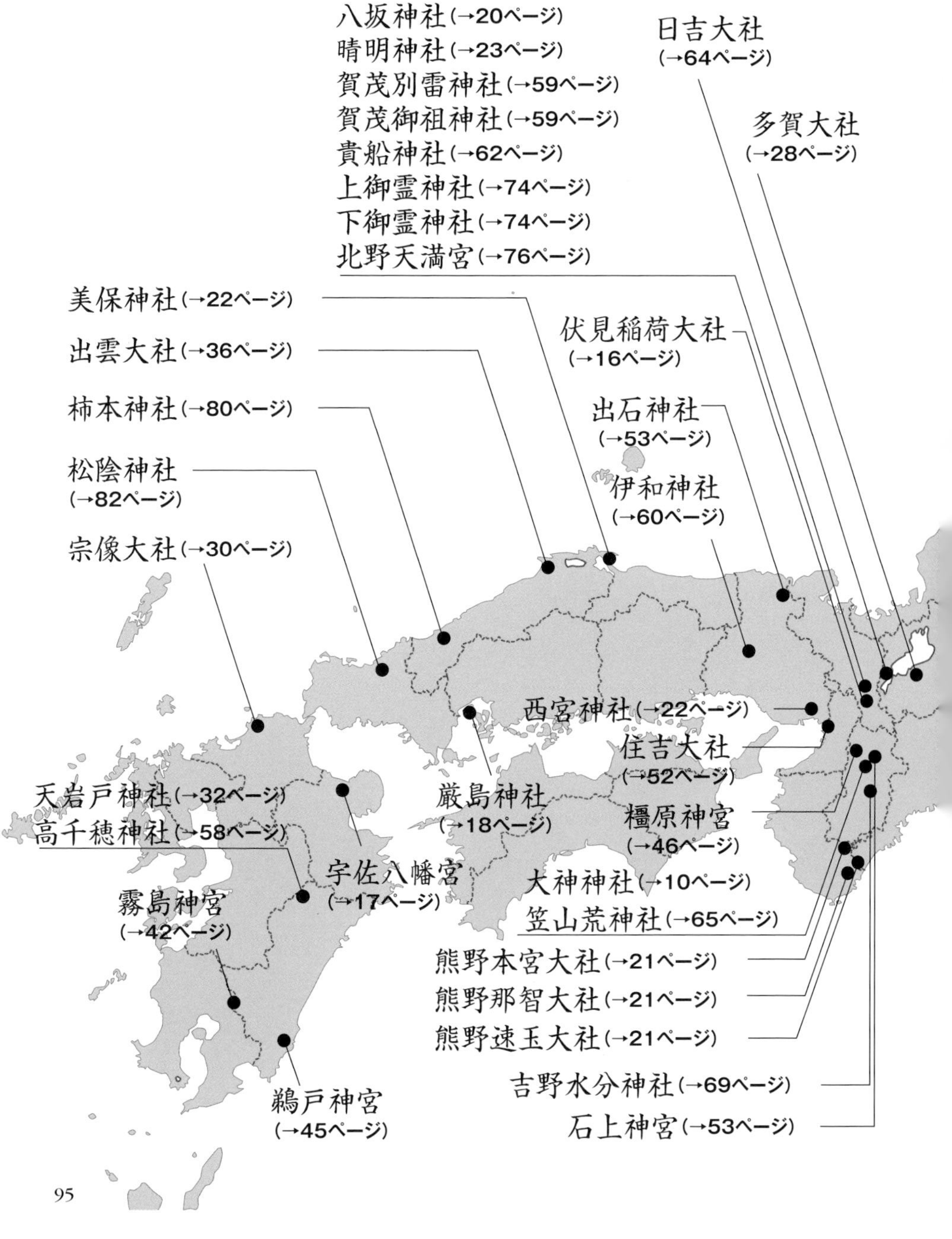

※以下の文献等を参考とさせていただきました。

『日本「神社」総覧』『諸国一宮と謎の神々』(以上、新人物往来社)／『神社のことがよくわかる本』外山晴彦、『古代史を知る事典』武光誠(以上、東京書籍)／『八幡神とはなにか』飯沼賢司、『伊勢神宮―知られざる社のうち―』矢野憲一、『知っておきたい日本の神様』武光誠(以上、角川書店)／『知っているようで知らない！　日本神道』本田総一郎、『日本の神社がわかる本』菅田正昭、『面白いほどよくわかる日本の宗教』山折哲雄監修・田中治郎著、『面白いほどよくわかる古事記』吉田敦彦監修・島崎晋著(以上、日本文芸社)／『神仏信仰事典シリーズ５　熊野三山信仰事典』加藤隆久編、『神仏信仰事典シリーズ８　厳島信仰事典』野坂元良編、『神仏信仰事典シリーズ10　祇園信仰事典』真弓常忠編(以上、戎光祥出版)／『日本の神々と神道』三橋健、『日本の神々の事典―神道祭祀と八百万の神々』薗田稔・茂木栄監修、『神道の本―八百万の神々がつどう秘教的祭祀の世界』、『古事記の本』(以上、学習研究社)／『古代を考える　山辺の道―古墳・氏族・寺社―』和田萃、『古代の都と神々―怪異を吸いとる神社』榎村寛之(以上、吉川弘文館)／『図解雑学宗教』『図解雑学神道』井上順孝、『図解雑学こんなに面白い民俗学』八木透・政岡伸洋(以上、ナツメ社)／『神仏の御利益をいただく本』瓜生中、『「神社と神さま」がよくわかる本』島崎晋、『神社の由来がわかる小事典』三橋健、『よくわかる！　神社神宮』中尾伊早子・正木晃(以上、ＰＨＰ研究所)／『日本史小百科　神道』伊藤聡・遠藤潤・松尾恒一・森瑞枝、『神社事典』白井永二・土岐昌訓、『風土記探訪事典』中村啓信・谷口雅博・飯泉健司(以上、東京堂出版)／『日本の神々―神社と聖地―１　九州』、『日本の神々ー神社と聖地―２　山陽　四国』、『日本の神々―神社と聖地―５　山城　近江』、『日本の神々―神社と聖地―11　関東』『日本の神々―神社と聖地―12　東北　北海道』谷川健一、『神社と古代民間祭祀』大和岩雄(以上、白水社)／『神道入門』井上順孝、『風土記』吉野裕(以上、平凡社)／『読む・知る・愉しむ　古事記がわかる事典』青木周平編著、『早わかり古代史』松尾光編著(以上、日本実業出版社)／『八百万の神々―日本の神霊たちのプロフィール』、『日本の神々―多彩な民俗神たち』戸部民夫(以上、新紀元社)／『神社のしきたり』『神社とご利益』浦山明俊(以上、角川ＳＳコミュニケーションズ)／『いま解き明かす出雲大社の謎』山崎謙(ＤＨＣ)／『神社の系譜　なぜそこにあるのか』宮元健次(光文社)／『90分でわかる古代史の読み方』加来耕三監修(かんき出版)／『日本人のしきたり』飯倉晴武(青春出版社)／『日本史小百科　神社』岡田米夫(近藤出版社)／『神道事始め』金子善光(北樹出版)／『日本神社100選』臼田甚五郎監修(秋田書店)／『仏教　キリスト教　イスラーム　神道　どこが違うのか』(大法輪閣)／『詳説日本史研究』五味文彦・高埜利彦・鳥海靖編(山川出版社)／『神社と神々　知れば知るほど』井上順孝(実業之日本社)／『日本神話事典』大林太良、吉田敦彦監修(大和書房)／『伊勢の大神　神宮の展開』上田正昭編(筑摩書房)／『伊勢神宮―東アジアのアマテラス』千田稔(中央公論新社)／『フシギ発見の旅「出雲国風土記」』(ザ・出雲研究会)／『語っておきたい古代史―倭人・クマソ・天皇を巡って』森浩一(新潮社)／『図説飛鳥の古社を歩く』和田萃文・森和彦写真(河出書房新社)／『松尾大社』松尾大社編(学生社)／『すぐわかる日本の神々　聖地・神像・祭り・神話で読み解く』鎌田東二(東京美術)

詳解《しょうかい》ビジュアルブック
日本《にほん》の神様《かみさま》と神社《じんじゃ》

2021年 1月31日　第1刷発行

編著――――――歴史民俗探究会《れきしみんぞくたんきゅうかい》
発行者―――――佐藤 靖
発行所―――――大和《だいわ》書房
東京都文京区関口１－33－４
電話 03-3203-4511

印刷所―――――歩プロセス
製本所―――――小泉製本
カバーデザイン―福田和雄
本文デザイン――島田利之
本文ＤＴＰ・図版作成―株式会社アド・クリ
本文イラスト――山寺わかな
写真協力――――伊勢神宮、宗像大社、鹿島神宮、磐船神社、貴船神社、桜井市教育委員会、さいたま観光コンベンションビューロー、宮崎観光コンベンション協会、香取市役所、和歌山市役所、岡山市役所、宍粟市役所、吉野町役場、薩摩川内市役所、静岡市役所、益田市役所、フォトライブラリー、毎日新聞社、PIXTA
河合幸男(「み熊野ネット・全国熊野神社参詣記」
http://www.mikumano.net/zenkoku/index.html、
「まちもよう」
http://www5.ocn.ne.jp/~matimoyo/)

ISBN978-4-479-39361-0
http://www.daiwashobo.co.jp

本書は、2008年10月に弊社より刊行した『ビジュアル図解 日本の神様と神社がわかる本』を改題、再編集して新装版化したものです。